CB143259

O poder *da* CORAGEM

CARO LEITOR,

Queremos saber sua opinião sobre nossos livros.
Após a leitura, curta-nos no facebook/editoragentebr,
siga-nos no Twitter @EditoraGente e visite-nos no site
www.editoragente.com.br.
Cadastre-se e contribua com sugestões, críticas ou elogios.

Boa leitura!

JOBER CHAVES

O poder *da* CORAGEM

As **5** chaves do sucesso
que vão mudar a sua vida

Gente editora

Gerente Editorial
Marília Chaves

Assistente Editorial
Carolina Pereira da Rocha

Produtora Editorial
Rosângela de Araujo Pinheiro Barbosa

Controle de Produção
Fábio Esteves

Preparação
Entrelinhas Editorial

Projeto gráfico e Diagramação
Balão Editorial

Revisão
Vero Verbo Serviços Editoriais

Capa
Miriam Lerner

Imagem de capa
Tomaz Levstek/Thinkstockphotos

Impressão
Cromosete

Copyright © 2014 by Jober Chaves
Todos os direitos desta edição
são reservados à Editora Gente.
Rua Pedro Soares de Almeida, 114,
São Paulo, SP – CEP 05029-030
Telefone: (11) 3670-2500
Site: http://www.editoragente.com.br
E-mail: gente@editoragente.com.br

Dados Internacionais de Catalogação na Publicação (CIP)
(Câmara Brasileira do Livro, SP, Brasil)

Chaves, Jober
O poder da coragem : as cinco chaves do sucesso que vão mudar a sua vida / Jober Chaves. – São Paulo : Editora Gente, 2014.

ISBN 978-85-7312-973-1

1. Autoajuda 2. Autorrealização (Psicologia) 3. Realização pessoal 4. Sucesso profissional I. Título.

14-06431 CDD-650.13

Índice para catálogo sistemático:
1. Autorrealização : Desenvolvimento pessoal : Administração 650.13

"É preciso coragem para crescer e se tornar quem você realmente é."

E.E. Cummings

AGRADECIMENTOS

Agradeço, em primeiro lugar, a Deus, que sempre acreditou em mim.

Agradeço a Ana Lucia, minha esposa, que completa perfeitamente a minha imperfeição.

Agradeço aos meus filhos, que sempre trazem um sorriso ao meu rosto. Ao Eric, meu primogênito, com quem sempre posso contar. Ao Nikolas, meu primogênito, minha explosão de talento. Ao Lucas, meu primogênito do coração, minha flecha certeira que nunca erra o alvo. À Maryana, minha única filha, que é a perfeita combinação. E ao Davi, meu primeiro neto, amado por todos e a prova de que Deus continua acreditando em nós. Eles farão coisas maiores do que eu fiz.

Agradeço ao meu pai, o seu Mariano, pelo exemplo de trabalho e honestidade. E agradeço aos que já partiram, mas continuam presentes em minhas ações: minha mãe, a dona Mary, pela paixão. Minha heroína e avó, dona Irene, porque ela fez o impossível. E ao Bill, que saiu da Terra Prometida para me tirar do Egito.

Tenho também de agradecer às nossas centenas de colaboradores da Universidade do Inglês, aos que estão e aos que já passaram por ela. Se não fossem vocês, não estaríamos aqui.

E aos nossos milhares de alunos que estão falando inglês e, por isso, fazem do mundo um lugar melhor.

Muito obrigado!

SUMÁRIO

1

O SOFRIMENTO

Os israelitas gemiam e clamavam a Deus sob o regime da escravidão. E o pedido de libertação dos trabalhos forçados chegou a Deus.

(Êxodo 2:23)

A dor é inevitável, mas o sofrimento é opcional. Os escravos, naqueles tempos sombrios e odiosos sob o comando do império egípcio, reclamavam, exatamente como reclamam os "escravos" de hoje submetidos aos padrões empresariais viciosos:

"Eu não ganho o suficiente para pagar as contas. O salário acaba e o mês continua."

"Todo dia eu faço tudo sempre igual. Nem preciso de cérebro para fazer o que faço."

"Passo um mês por ano preso no trânsito."

"Minha vida não tem sentido. Está faltando alguma coisa em mim."

"Quanto falta para terminar o expediente? Quanto falta para a sexta-feira? Quanto falta para o próximo feriado? Quanto falta para as férias?"

"Eu só faço o que mandam; ninguém me pergunta o que eu acho."

"Ele faz de conta que é possível atingir essa meta e eu faço de conta que vou atingir."

"Não vejo a hora de sair daqui para fazer o que eu gosto."

"Estou sufocado."

"Parece que em casa só precisam de mim para pagar as contas".

"Está um dia lindo lá fora e eu preso aqui dentro."

"Devolva a minha vida só por um dia. Só para eu fazer apenas o que quero. Só por hoje..."

"Estou esgotado."

"Estou exausto."

"Estou frustrado."

Os senhores de escravos, os egípcios que manejavam os chicotes, reclamavam, da mesma forma que reclamam hoje os patrões, vítimas da mesma escravidão:

"Pago mais do que eles trabalham."

"Eles enrolam mais que trabalham, e ainda tenho de pagar hora extra."

"Falta comprometimento: com um pouquinho a mais de dedicação, acabariam as reclamações dos clientes."

"Contratei um monte de robôs. Eles nunca trazem uma ideia nova."

"Chegam em cima da hora, quando já deveriam estar trabalhando, e saem em cima da hora, quando ainda deviam estar trabalhando."

"Se eu pudesse, mandava todos embora."

"Inacreditável: não trazem o resultado, mas querem aumento."

"Eles não sabem o que fazem."

"Os clientes estão no nosso pé."

"Os fiscais estão no nosso pé."

"A concorrência está no nosso pé."

"A empresa está sempre em risco"

"Está um dia lindo lá fora e eu preso aqui dentro."

"Queria minha vida de volta só por um dia, só para fazer o que eu quero. Só por hoje..."

"Estou esgotado."

"Estou exausto."

"Estou frustrado."

Esse é um dos maiores desafios do nosso tempo, senão o maior. As pessoas estão sofrendo, todos os dias, tão intensa, tão dolorosa, tão profundamente, que as consequências podem ser vistas: envelhecem mais depressa e reclamam o tempo todo do corpo e da vida sem propósito e sem significado.

Milhões de pessoas clamam, milhões de pessoas sofrem por nada, e a troco de nada. Elas vão de nenhum lugar para lugar nenhum. Presas no trânsito, dentro de automóveis, ônibus, trens ou metrôs — e, por incrível que possa parecer, presas até em aviões, que, desde Santos Dumont, representam um dos mais importantes símbolos da liberdade humana.

No entanto, as pessoas também ficam presas durante 44 horas por semana nas empresas, muitas vezes fazendo o que não querem, com quem não querem, como, onde e quando não querem. E como frequentemente não conseguem cumprir as tarefas no prazo, ainda têm de fazer hora extra — ou seja, prolongam o tempo de encarceramento.

Esses indivíduos são como zumbis, mortos-vivos que caminham por aí sem se dar conta do próprio estado. É a vida imitando a arte, como no filme *O sexto sentido*, quando o garoto Cole Sear, vivido por Haley Joel Osment, diz a Malcolm Crowe, interpretado por Bruce Willis: "Eu vejo pessoas mortas". "Com que frequência?", pergunta Malcolm. E o garoto responde: "Todo o tempo".

Um pouco mais à frente, no filme, o garoto diz, quase sussurrando, como se contasse um segredo terrível: "Eles não sabem que estão mortos...".

Sentir as perdas ou as tristezas que nos afligem é inevitável. Perdemos pessoas queridas, caímos... E isso acontece para todos, mesmo para quem alcança grandes realizações. Contudo, viver se martirizando por tudo o que dá errado, pelas oportunidades que se vão, pelo futuro que não acreditamos que poderá ser como desejamos... é uma escolha. Você sempre poderá escolher entre sonhar ou não. E acreditar no sonho é o que o torna escravo ou liberto.

Acredito que ninguém quer uma vida escrava, pelo contrário, o grande desafio do nosso tempo é realizar todo o nosso potencial.

Queremos uma vida plena, longa e abundante. Temos sonhos, queremos acreditar que podemos chegar lá e que podemos realizá-los. Entretanto, sofremos tantas decepções ao longo do caminho, que a maioria de nós perdeu a capacidade de sonhar.

• • •

E, falando de sonhos, deixe que eu me apresente.

Meu nome é Jober Chaves Azevedo. Chaves, filho da Mary e neto da dona Irene e do "seu" Chaves. Azevedo, filho do Mariano e neto da vó Virginia e do vô Clemente. Sou Jober, marido da Ana Lucia, pai do Eric, do Lucas, do Nikolas e da Maryana, e avô do Davi. Os primeiros me ajudaram a chegar até aqui, ela é a razão de eu estar aqui e os últimos são a razão de eu continuar em frente.

Hoje conduzo um grupo empresarial do qual sou cofundador. A principal empresa do grupo é a Universidade do Inglês, cujo maior diferencial competitivo é ensinar a língua inglesa da maneira mais rápida e cujo maior feito é ter ajudado milhares e milhares de pessoas a alcançar o tão sonhado domínio do idioma.

Segundo os critérios do Serviço de Apoio às Micro e Pequena Empresas (Sebrae), somos uma grande empresa, considerando as definições que utilizam para diferenciar as empresas, por exemplo tamanho, faturamento e número de funcionários. Apesar disso, somos uma empresa familiar.

A Universidade do Inglês já foi avaliada em muitos e muitos milhões, mais do que um prêmio acumulado da Mega-Sena. E me perguntam: "Você venderia sua empresa?". Minha resposta é: não. Como é possível vender a nossa família? Foi aqui que crescemos como pessoas, foi aqui que crescemos profissionalmente e foi aqui que cada um de nós aprendeu a falar inglês. Na nossa empresa temos um estilo de gestão que funciona assim: eu mando em tudo, na empresa, e minha mulher só manda em mim! É brincadeira... Ela manda nos nossos filhos também!

Não, não! De verdade, é brincadeira. Todos os nossos filhos trabalham na empresa, exceto a mais nova, que está se preparando para isso. Implantamos um sistema de gestão participativa no qual mais de uma centena de colaboradores participa da gestão da empresa. Com a ajuda deles temos uma vida plena e abundante.

Agora, deixe-me contar como era minha vida quando eu não falava inglês.

ESCRAVO DE MIM MESMO

Eu vivia sob o signo da escravidão, não realizava todo o meu potencial nem tinha consciência disso. Era como a águia da fábula, que, por ter sido criada como galinha, tinha a consciência e a certeza de ser uma galinha. Assim como essa águia pensava ser uma galinha, eu também pensava que era um escravo. Reclamava dos meus problemas, sentia vergonha dos meus fracassos, chorava minha pobreza e me sentia incompetente e insignificante.

Em decorrência disso, agia como Aladdin, do desenho animado da Disney. Era simpático, mas roubava, mentia e enganava. Pegava clipes na empresa como se fossem meus, usava o telefone do trabalho como se fosse meu. Quando o chefe perguntava por que eu tinha demorado tanto no banheiro, eu dizia que estava passando mal, apesar de ter tirado um cochilo de quinze minutos! Quando tinha uma despesa, a trabalho da empresa, pedia ao fornecedor que colocasse valor maior na nota fiscal, a fim de embolsar a diferença. Usava de manhas e artimanhas, com a justificativa de que agia assim porque "todo mundo age assim"... Da mesma maneira que Aladdin, eu me ofendia quando alguém me chamava de ladrão. E, como no desenho animado, eu também cantava: "Ladrão lalau eu não sou não!".

A escravidão que eu vivia é a escravidão dos tempos modernos. Ela não usa um chicote feito de couro, mas possui outros instrumentos de dominação: um salário abaixo da minha necessidade, um cartão de ponto que determina a que horas devo chegar e sair e a atribuição de uma tarefa que, na maioria das vezes, não me traz realização, porque não é um trabalho feito com corpo, mente e alma.

Se você é pago só por aquilo que a sua força física produz, isso é escravidão.

Se sofre sem sair do lugar, se a cada novo ano espera um feliz ano novo, mas vive um ano velho... Se sua vida parece com o filme *Feitiço do tempo*, em que Bill Murray interpreta Phill Connors, um repórter que acorda todos os dias no mesmo horário do mesmo dia, fadado a repetir aquela data indefinidamente, certamente está sentindo dor. É o que chamo de dor sem propósito, a minha definição para a palavra *sofrimento*.

O sofrimento exige, como contrapartida, uma vida de prazer, que vou definir como uma alegria sem propósito, que não encontra um fim em si mesma e por isso sempre exige mais e mais. Contudo, as doses de prazer são sempre insuficientes para aplacar a dor. Sempre precisamos de mais, uma vez que a dor nos acompanha, onde quer que estejamos.

Em busca de alívio, bebemos aos fins de semana, e o final do expediente se torna uma fuga rotineira da dor, e assim também as horas sem fim gastas na internet e nas redes sociais, espiando a vida dos outros, e estabelecendo conversas inúteis sem ponto final.

Com a madrugada vêm os prazeres proibidos, prazeres que proporcionam alegria fugaz, sem propósito, e que afinal geram culpa. A culpa é uma forma de dor, e exige mais e mais prazer para ser aplacada, ao menos provisoriamente. Por isso, uma dose a mais, uma compra a mais, um site proibido a mais.

E ainda tem as compras fora do orçamento. E comida demais no almoço, comida demais à noite e comida demais nos fins de semana. Nada de esportes — então uma bebida a mais, um prato a mais, um jogo a mais. Não importa, porém, quanto mais, porque nunca será suficiente. Quando se der conta, estará completamente dominado pelo jugo da escravidão.

Pense comigo: Essa é a vida que você quer viver? Ou ainda: É esse o funcionário que você quer contratar?

Dessa maneira, contraímos dívidas que nunca terminam, por exemplo com o financiamento de nossa casa e nossos carros que mais parecem alugados porque estão sempre sendo pagos e cartões de crédito que mais parecem algemas de presidiários — quanto mais se paga o mínimo, mais apertadas elas ficam.

Relacionamentos adoecidos por um dia a dia que foi muito bem retratado na canção "Cotidiano", de Chico Buarque:

> Todo dia ela faz tudo sempre igual
> me sacode às seis horas da manhã
> me sorri um sorriso pontual
> e me beija com a boca de hortelã.

Casais que se levantam às seis da manhã quando ainda queriam continuar dormindo seguem caminhos diferentes para o trabalho, deixam os filhos na escola, com estranhos, ou com babás, em casa, ou ainda com os pais, que já não deveriam mais ter essa responsabilidade.

Essas pessoas se juntam, no trânsito, a um exército de mortos-vivos que dirigem seus veículos sem sequer olhar para os carros ao lado. Ninguém sorri. Não há alegria. Não há vida ativa. Só lamentos. Casais que passam o dia inteiro longe um do outro, lutando apenas para sobreviver num trabalho sem significado. Quando chegam à noite em casa, estão tão esgotados, física e emocionalmente, que não têm vontade um do outro. Cumprem o mesmo ritual, dia após dia, semana após semana, mês após mês, ano após ano, como numa sentença de morte que parece ter de ser cumprida aos poucos. Nessa rotina, cada um vai deixando uma parte da vida, pedaço a pedaço, pelo caminho. E, no rádio, continua tocando a canção: "Todo dia ela faz tudo sempre igual...".

Gosto muito de cinema, especialmente quando consigo associar o que vejo nos filmes à vida real. Lembro-me do filme *O preço do amanhã*, cujo cenário é um lugar onde não existe dinheiro. A moeda é o tempo, medido por um cartão magnético implantado sob a pele, no antebraço de cada pessoa. Com esse dispositivo, as pessoas trocavam o crédito de tempo de que dispunham no cartão por comida e outras coisas necessárias para a sobrevivência.

Todavia, elas tinham de ser muito cautelosas, porque, se o tempo acabasse, morreriam. Literalmente, elas deixavam de viver, sofriam a morte física. É impressionante ver milhões de pessoas, no filme, trabalhando em troca de apenas mais um dia de vida.

No mundo real, talvez esse cenário seja equivalente ao daqueles que se satisfazem apenas com o que conseguem para o jantar daquele dia e o almoço do dia seguinte — e no dia seguinte saem de novo na mesma dolorosa rotina. Ou ainda há quem ganhe pelo trabalho de hoje e gaste tudo no mesmo dia, tendo de repetir irremediavelmente a rotina para as despesas de mais um dia de sobrevivência. Todos eles aprisionados numa falsa crença do "se Deus quis assim...".

Na nossa realidade, como no filme, estamos condenados a uma vida de inferioridade, mediocridade, presos a uma rotina de um salário baixo e uma pobreza que acompanham gerações.

A maior tristeza nessa história é que, no espírito de escravidão, só enxergamos duas saídas: ou ganhamos sozinhos na Mega-Sena ou esperamos que, por caridade, os ricos e sortudos nos estendam a mão.

O mais curioso é que a maioria das pessoas nem de longe precisaria ganhar na loteria para se ver livre da escravidão. Um repórter de TV perguntou a uma série de pessoas o que fariam se ganhassem sozinhas. Uma delas respondeu: "Pagaria as minhas dívidas". E eu pensei: "Caramba! Quanto esse cara está devendo?!". Outro respondeu que iria viajar. E eu pensei: "Caramba! Pra onde essa mulher vai, que precisa de tanto dinheiro?!". E ainda outra disse que compraria uma casa para a mãe. E eu pensei comigo: "Tomara que a mãe não esteja assistindo a essa reportagem, porque se a única chance que ela tem de ter uma casa é a filha ganhar na Mega-Sena, as chances estão todas contra ela!".

Em contrapartida, é mais do que justo que os ricos e sortudos, que estão em melhores condições do que os comuns mortais, tenham a obrigação de nos ajudar, porque eles chegaram lá e nós não. Entretanto, é claro que esses ingratos se alegram em dizer não, e em pisar na gente, com a sua liberdade. Era isso o que eu pensava. E é o que os escravos pensam. Vivemos à espera do próximo feriado durante os quais a chuva insiste em nos chicotear. Queremos os trinta dias de férias, que afinal são tão pouco tempo, que parecem mais um banho de sol na prisão em que a vida se transformou para nós.

Você pode gritar: "Eu não gosto da minha vida!".

Talvez, porém, ouça a vida gritar de volta: "Essa é a única vida que você tem".

E você murmuraria, cabisbaixo e inconformado: "Mas isto não é vida...".

Então, você falta ao trabalho na segunda-feira para visitar o médico, sem razão, ou talvez porque sofra da "depressão do domingo à noite", que piora quando o seu time ou o time do seu marido perde. Mata o tempo no trabalho, achando que está ganhando tempo, navegando no Facebook ou rindo das piadas no Youtube, fugindo da realidade em cafezinhos sem fim ou almoços intermináveis.

E, como nada parece ser o bastante, como a vida carece de tempero, vamos preencher essa falta de sabor com o pouco de entretenimento que conseguimos no dia a dia, como a TV, terceirizando a nossa vida na vida de outras pessoas na tela, e, por alguma razão misteriosa, sendo atraído nos intervalos para a geladeira.

Nesse cenário, empresas pequenas, médias e grandes, de norte a sul e de leste a oeste do país, sofrem do mesmo problema: contratam seres humanos pela metade, às vezes contratam o corpo, mas não levam a mente e a alma, às vezes contratam o corpo e a mente, mas nunca a alma, porque a alma não pode aparecer em meio a uma situação de escravidão. Na hierarquia corporativa, alguns se enganam porque seguram os chicotes que fazem estalar nas costas dos seus subalternos, esquecendo que a mão que dá as chicotadas é tão escrava quanto as costas que as recebe.

A pobreza empresarial é a marca da empresa que contrata escravos, porque a história nos prova que pessoas livres são mais produtivas que pessoas escravizadas, que nações livres são mais ricas que nações escravizadas e, com certeza, em empresas em que reina um ambiente de liberdade, mais riqueza é gerada. Empresas tiranas, em que prevalece a máxima do "manda quem pode e obedece quem tem juízo", ainda que alcancem sucesso por certo tempo, são sempre ultrapassadas por outras que acreditam que sua maior responsabilidade é criar um espaço para que cada colaborador tenha não só o direito, mas o dever de se desenvolver e alcançar o máximo potencial.

A história empresarial tem deixado esqueletos de empresas, tão poderosas no passado, que pareciam que estariam aqui para sempre. A gestão escravagista não é a melhor maneira de conduzir os negócios.

Não é o mundo de hoje que é assim — ele sempre foi assim. Desde o começo dos tempos, empreendimentos que se apoiavam em princípios corretos se mostraram duradouros, enquanto aqueles em que prevaleciam a tirania e a escravidão andaram na contramão da história e tiveram vida curta.

Alguns chefes e donos de empresas poderão afirmar que a vida é assim mesmo, que os funcionários não têm jeito, que vivem na escravidão por escolha própria e que, se tiverem um pouco mais de liberdade (ou "folga", como costumam dizer), aproveitam-se da situação. Que fique, porém, registrado: onde há escravidão voluntária, há tirania opcional. Ninguém consegue ser escravo em uma nação livre. Da mesma maneira, não se pode trabalhar como escravo em uma empresa que tem a liberdade como lema.

Um dos grandes desafios dessas empresas é que pagam salários inteiros e contratam colaboradores pela metade. Elas contratam a mão de obra, mas não os dons, o talento e a inteligência. Contratam 44 horas semanais, recebem apenas 36 horas e ainda pagam hora extra.

Porque, com a escravidão voluntária, vem a pobreza voluntária e é essa pobreza que faz com que as pessoas vivam uma vida de segunda classe.

No entanto, vamos fazer uma distinção entre uma vida barata e uma vida dentro do orçamento. Há pessoas que multiplicam o que seria considerado pouco dinheiro, alcançam objetivos, se entusiasmam, têm sonhos, vivem uma vida plena e abundante. Essas não são pobres de fato; são ricas de verdade.

A pobreza involuntária é o grande sintoma da escravidão. Uma pobreza que não é definida por quanto dinheiro você tem, mas está relacionada com não enxergar que existe uma escolha.

Existem pessoas que trabalham em empregos considerados menores e são livres e realizadas, enquanto outras, que trabalham em empregos com grandes salários e iluminadas pelos holofotes, na verdade são escravas. Por mais incrível que possa parecer, no mundo corporativo existem pessoas que ganham um salário considerado baixo e que, apesar disso, além de não ter dívidas, conseguem manter poupança e até emprestar dinheiro para aqueles que têm altos salários e muitas vezes estão endividados.

Acima de tudo, o escravo é uma vítima do medo. Ele tem medo de assumir o controle da própria vida, medo de ser responsabilizado pelas coisas que acontecem, medo do futuro, medo de que os fracassos do passado se repitam, medo da miséria, medo de que o chefe o mande embora, medo de perder a casa, medo de perder o carro.

Todos esses sintomas de escravidão eram claros na minha vida. Percebi que esse viver aprisionado nada mais era do que estar como no Antigo Egito.

Não, eu não era uma múmia, se é isso o que você está pensando. Escolhi o Egito para essa metáfora porque foi ali que se registrou uma das maiores escravidões da história. Um povo, em maior número, com tremendo potencial, foi escravizado por um povo em menor número. Apesar da superioridade numérica, o povo dominado tinha de trabalhar incansavelmente, a troco de apenas o bastante para sobreviver.

Foram quatrocentos anos de escravidão, muitas gerações obedecendo a ordens, sob tratamento cruel, sem enxergar nenhuma opção para conseguir sair da situação. Um povo que vivia em sofrimento, uma dor sem propósito, completamente abaixo do seu potencial, numa rotina diária cujo único objetivo parecia esperar a morte chegar. Isso lembra alguém? Sim, isso lembra a minha vida.

Os escravos, no Egito, não tinham escolha.

Duas pessoas podem estar lado a lado, trabalhando na mesma empresa, morando no mesmo bairro, com rendas parecidas, e uma pode estar no Egito e a outra não.

No meu caso, eu estava sofrendo, estagnado, sem perspectivas, preso por quase dez anos em uma empresa que não tinha mais nada para me oferecer. Não crescia, não aprendia, não contribuía. E, é claro, a culpa não era minha.

Quando estamos no Egito, nunca assumimos a culpa. A culpa é sempre do "se"...

Se eu não fosse pobre... Se eu fosse inteligente... Se eu não fosse novo... Se eu não fosse velho... Se eu não fosse solteiro... Se eu não fosse casado... Se eu não fosse empregado... Se eu não fosse desempregado... Se eu tivesse estudado... Se eu não fosse doente... Se eu não fosse filho dos meus pais... Se eu tivesse tempo... Se eu tivesse dinheiro...

A lista de "se" é infinita. O ponto é que o escravo precisa achar um responsável para suas culpas e frustrações. Num dia desses, caminhando pela praia, eu vi um jovem com uma camiseta do Homer Simpson, que trazia um grande dedo que apontava para quem olhasse para a camiseta, e uma legenda dizendo assim: "A culpa é minha e eu ponho em quem eu quiser!".

Nem sempre a culpa é da falta de dinheiro. Não me entenda mal, mas se você recebe menos do que o suficiente para viver, não há matemática que vá ajudá-lo a chegar ao fim do mês. Contudo, se conhece outra pessoa que ganha o mesmo que você, tem família do tamanho da sua e uma vida sem dívidas e melhor que a sua, como disse Tom Hanks no filme *Apolo 13*: "Houston, we have a problem" (Houston, nós temos um problema).

No auge do meu sofrimento, no auge da minha dor, ele apareceu.

Era novembro de 1994. Eu morava num apartamento que estava indo a leilão, dirigia um carro velho, mas tão velho que os bancos estavam todos rasgados, o espelho retrovisor do lado do motorista estava caído e a marcha ré não engatava. Todas as vezes que ia estacionar, tinha de me certificar de que ninguém pudesse parar o carro na frente do meu, porque precisava de espaço para sair, uma vez que a ré não funcionava. Para não correr o risco de ficar preso, estacionava em esquinas, em vagas de estacionamento de onde pudesse sair de frente, e coisas assim. Estava endividado de tal jeito que às vezes dizia para um amigo: "Vamos por outro caminho porque tem um cara nesta rua me devendo um dinheiro e eu não quero que ele ache que estou cobrando". Dizia isso e ria uma risada amargurada, porque a verdade era absolutamente inversa.

Depois de ter sido *office boy* em um escritório de advocacia e de ter trabalhado na Xerox do Brasil instalando máquinas, empreguei-me em uma empresa que, segundo definição de um amigo, técnico do Sebrae, "se cobrisse virava circo e se cercasse virava hospício". Produzíamos adesivos e tatuagens removíveis. Os donos eram senhores de escravos, no Egito. Às vezes, pagavam os salários em dia, às vezes atrasavam dois ou três meses, às vezes até diminuíam o salário. Com eles, aprendi a beber.

Entretanto, dizia que, no auge do meu sofrimento, ele apareceu.

Eram os dias 18, 19 e 20 de novembro, sexta, sábado e domingo. Eu estava no auditório de um hotel com mais quinhentas pessoas, e naqueles três dias íamos ouvir um dos mais bem-sucedidos empresários norte-americanos de todos os tempos. O homem tinha vindo ao Brasil para compartilhar conosco sua experiência empresarial. Não sei como paguei por aquele fim de semana. Dei o cheque — e até hoje o cheque não voltou.

No ônibus, a caminho do local do treinamento, tomei uma decisão. Não importava o que ele recomendasse, mas se fosse legal eu ia fazer; se não fosse, bem, uma das coisas que você precisa saber a meu respeito, nessa época, é que eu considerava ilegal tudo o que pudesse me levar preso — o resto era permitido.

Não fique muito bravo comigo e com a minha franqueza, eram os tempos da escravidão.

Ocupei um assento nas primeiras fileiras. Não queria perder nada do que o palestrante fosse dizer. Ali pelas 8 horas da noite de sexta-feira, ouviu-se um burburinho no auditório. Ele estava chegando. Tinha estatura mediana, em torno de 1,70 metro e estava um pouco acima do peso. Pelo catálogo do curso, eu já ficara sabendo que era casado, não tinha filhos e morava no estado norte-americano da Carolina do Norte. Surgiu pelo corredor central, e trazia na mão apenas um livro. Pelo menos foi o que me pareceu a distância. E depois confirmei. À medida que se aproximava, pude identificar e comentei com alguém ao meu lado: "É uma Bíblia que ele tem nas mãos? Uma Bíblia? É mesmo uma Bíblia?".

Era uma Bíblia, realmente. Ele usou esse mesmo livro nos três dias do treinamento. Foi a única coisa que usou. E eu, que não acreditava em Deus, vi esse homem tirar, daquele livro, estratégias e táticas empresariais que nunca nem sequer havia imaginado.

A primeira pergunta que Bill fez foi: "Qual é o seu sonho? Se sua vida fosse um filme e você pudesse escrever o final, como seria?".

Eu parei para pensar naquela pergunta e fiquei indagando a mim mesmo: "Será que eu podia sonhar?".

No primeiro dia do treinamento, Bill falou algo que não estava na Bíblia, mas que eu já tinha visto na faculdade de Economia. Tratava-se de uma fórmula idealizada por Adam Smith, considerado o pai da Economia.

Adam Smith, formulando as teorias econômicas, falava de uma mão invisível que rege o mercado. Os céticos podem acreditar que ele se referia à sorte ou ao acaso. Eu prefiro pensar que essa mão invisível é Deus. Ouvindo as palavras de Bill, eu começava a entender o que era essa mão invisível.

A fórmula de Adam Smith ensinava o seguinte: a riqueza de uma nação é igual aos seus recursos naturais, mais a energia humana, multiplicados pelas ferramentas. Essa fórmula ficava assim:

RN = RN + EH × FER

(Riqueza da Nação = Riqueza da Nação + Energia Humana × Ferramentas)

Com uma pequena alteração nessa fórmula, consegui fazer uma aplicação na minha vida pessoal e depois na minha vida empresarial:

RP = RN + EH × FER

(Riqueza Pessoal = Recursos Naturais +
Energia Humana × Ferramentas)

A partir do dia em que conheci essa fórmula, que passei a aplicá-la consistentemente na minha vida, centupliquei o meu valor. E depois, quando me lancei em minha aventura empresarial, apliquei a fórmula mais uma vez, com nova adaptação:

$$RE = RN + EH \times FER$$

(Riqueza Empresarial = Recursos Naturais + Energia Humana × Ferramentas)

A partir daí, multipliquei o valor da empresa por mil.

Naquele momento, só existiam duas opções: continuar sofrendo ou, então, aplicar o que Bill havia ensinado naqueles três dias.

Em *Matrix*, o primeiro filme da trilogia do casal de irmãos Anddy e Lana Wachowski, o protagonista Thomas A. Anderson é um *hacker*, adormecido, como outros tantos milhões de humanos. Enquanto dorme, está conectado a uma dimensão chamada Matrix, um universo de realidade simulada criado por um poderoso sistema de computadores que escraviza as pessoas.

Na sua atividade ilegal de *hacker*, encontrando informações para vender, Anderson desconfiava de que algo de muito errado ocorria com o mundo. Dentro da Matrix, usando o codinome de Neo, ele descobre uma espécie de terrorista que lá vive, chamado Morfeu (nome bem adequado, uma vez que Morfeu é o deus dos sonhos, na mitologia greco-romana).

Então, Neo encontra Morfeu, que lhe dá a opção de escolher entre tomar uma pílula azul ou uma pílula vermelha. Se tomasse a azul, tudo continuaria como antes, e Neo despertaria para a sua vida superficial, cotidiana e de certo modo ilusória, como Thomas Anderson. Caso tomasse a vermelha, teria a experiência de conhecer o que de real existia por trás do mundo que pensasse ser a sua realidade. Antes de Neo decidir, Morfeu repete esta expressão: "Não prometo nada além da verdade".

Então, neste momento, quero fazer um pacto com você.

Quer a pílula azul?

Então feche o livro agora, deixe tudo como está, vá viver a sua vida e em poucos dias não se lembrará mais dessa história de escravidão, vida sem propósito, dor e sofrimento. Pode apostar que em algum tempo você não se lembrará de mais de nada.

Quer a pílula vermelha?

Se você está pronto para sonhar e descobrir aquilo que tem procurado durante toda a sua vida, assim como Neo, prepare-se, porque está prestes a virar a página da mais bela história que um ser humano poderia viver. Entretanto, como Morfeu disse, eu não posso prometer nada além da verdade.

Em contrapartida, se conhecer a verdade, ela o libertará, e o que Bill me ensinou naquele fim de semana pode centuplicar seu valor ou multiplicar o valor da sua empresa por mil.

Bill disse, e eu repito, que tudo começa com um sonho.

Se você escolheu a pílula vermelha, prepare-se para sonhar.

2

O DESERTO

Então Jesus foi levado pelo Espírito ao deserto para ser tentado(...).

(Mateus, 4:1)

A primeira coisa que Neo descobriu, quando tomou a pílula vermelha, foi que estava sozinho. A primeira coisa que você vai descobrir, quando começar a sonhar, é que está sozinho. Bem-vindo ao deserto.

O deserto representa novos caminhos, novas possibilidades. Contudo, também representa a solidão, porque, quando começamos a sonhar, não é raro que sejamos incompreendidos. Nossa família não nos entende, nosso cônjuge não nos entende, nossos amigos não nos entendem. E, para piorar, às vezes nem nós mesmos nos entendemos.

Quase tudo é novo no deserto. Um novo olhar mostra uma nova paisagem, um novo olhar mostra um novo lugar, um novo olhar mostra novas possibilidades. Não sabemos ainda o que queremos, mas já sabemos o que não queremos. Cansados de sofrer, escolhemos um novo caminho, mas ainda não sabemos para onde ir. Não significa mudar de emprego, abandonar a família e os amigos. Tudo continua como ontem; só você mudou. Uma nova onda de energia provoca um turbilhão interior. Dá vontade de correr, dá vontade de gritar. Você descobriu que não é a galinha da fábula. Já sabe que é uma águia, mas está com medo de voar. Sozinho no deserto, você sente medo.

Medo de fracassar
Medo do desconhecido
Medo de ser melhor
Medo de sofrer
Medo de errar
Medo da solidão
Medo de se perder
Medo de passar vergonha
Medo de voltar com o rabo entre as pernas
Medo da humilhação

Precisamos de coragem para enfrentar o medo. Precisamos firmar os pés no chão, estufar o peito e levantar a cabeça, ouvindo o que disse Platão: "Corajoso, pois, é o homem cujo ânimo é incapaz de ser abalado pelo prazer ou pela dor...". E, para a descrição que fizemos da dor no capítulo anterior, como o sofrimento sem propósito, e o prazer, como alegria sem propósito, essa recomendação de Platão cai como uma luva.

Quando sentimos esse medo, podemos nos lembrar de Will Smith, no filme *Depois da Terra*, que ele estrela na figura do personagem Cypher Raige, quando diz ao filho Kitai Raige, interpretado pelo próprio filho do ator, Jade Smith:

> O medo não é real. O único lugar onde o medo pode existir é em nossos pensamentos sobre o futuro. Ele é um produto da nossa imaginação, que faz com que temamos as coisas que não existem no presente e que talvez jamais cheguem a existir. O medo é quase uma loucura. Não me entenda mal. O perigo é real, mas o medo é uma escolha. Somos nós que escrevemos nossa história.

Por que vamos para o deserto? Já despertamos, já passamos a sonhar com uma vida plena, então por que não vivemos essa vida imediatamente, em vez de ir para o deserto?

Vamos para o deserto lapidar nosso caráter, construir nossa fé e escrever nosso destino.

Se, num passe de mágica, despertássemos vivendo o nosso sonho, seríamos imediatamente consumidos por ele. Temos de nos construir primeiro, fortalecer nossos "músculos" mentais e espirituais, antes de transformar nossos sonhos em realidade.

Podemos tomar como exemplo as pessoas que ganham numa das várias loterias e despertam direto no meio do sonho. Mais de 90% das pessoas perdem todo o dinheiro ou grande parte dele, simplesmente porque não estavam preparadas para esse novo estilo de vida. No entanto, isso não acontece apenas com os ganhadores da Mega-Sena. Acontece também com as pessoas que são alçadas por um golpe de sorte a uma vida para a qual não estão preparadas. Inconscientemente, elas passam a se boicotar, até voltarem à condição anterior. Qualquer pessoa que, num golpe de sorte, passe do Egito para a Terra Prometida, por assim dizer, será consumida pelo despreparo.

Aí vemos pessoas recém-promovidas começando a chegar atrasadas todos os dias, perdendo o prazo dos projetos, maltratando colegas. Vemos pessoas quebrando empresas porque não estavam preparadas quando as iniciaram. Casamentos sendo destruídos por pessoas que não estavam preparadas para se casar. E a partir daí elas fazem as coisas mais absurdas para se boicotarem, desde dívidas no cartão de crédito, bebidas, jogos, vícios, o que for necessário para voltarem à vida anterior.

Talvez você esteja pensando: "Mas esses eram comportamentos da época do Egito!". Mais uma razão para irmos para o deserto: para sermos purificados.

Lapidar seu caráter significa abandonar velhos hábitos e se transformar na pessoa que você precisa ser para alcançar o seu destino.

Bill disse, naquele momento em que eu havia escolhido a liberdade, que eu deveria estar preparado, porque as coisas iam piorar antes de melhorar. Eu não podia acreditar que o deserto seria pior que o Egito. Na verdade, não acreditava nisso porque estava no fundo do poço. O que eu não sabia é que no fundo do poço havia um alçapão.

Eu tinha um emprego sem salário, estava sem dinheiro para pagar as contas, corria o risco de perder o apartamento... Como seria possível piorar? Pois é, piorou. Meus patrões quebraram. Agora, sim, não havia jeito de pagar as contas, e só me restava esperar até perder o apartamento. No entanto, antes disso... meu casamento acabou. As coisas realmente pioraram.

Em muitos casos, quando você chega a esse ponto, o trabalho que ontem fazia com sofrimento, agora passa a ser insuportável, e você não consegue mais nem fazer o que ontem era apenas tolerável.

Entretanto, é preciso fé para não voltar para o Egito. Muitos aqui vivem o que chamo de "saudade do Egito". Sentem falta do passado, dos velhos problemas, da ignorância que existia antes do despertar com os sonhos, sentem saudade do tempo em que eram compreendidos pelos amigos, do tempo em que não sabiam o porquê das coisas. Eram os tempos da alegre ignorância.

Bill me deu uma pequena fórmula para atravessarmos o deserto antes de entregar as cinco chaves da verdadeira riqueza.

Ele ensinou assim:

Necessidades × Fé × Ferramentas = Sucesso/Felicidade

Em primeiro lugar, você precisa identificar quais são suas necessidades.

Segundo Abraham Maslow, um psicólogo norte-americano cujo trabalho mais conhecido é a chamada Pirâmide de Maslow, nossas necessidades estão dispostas em prioridades, ou hierarquias. A primeira dessas hierarquias é fisiológica; a segunda é a da segurança; a terceira, das necessidades sociais; a quarta, da autoestima, e a quinta, da autorrealização. Vamos trabalhar com uma versão resumida da Pirâmide de Maslow: segurança, associação e autorrealização. Vamos começar pela segurança.

No meu caso, estabeleci como metas iniciais, ligadas à segurança: sair das dívidas, adquirir um carro que me garantisse o direito de ir e vir e me casar novamente. Claro que fui além e estabeleci metas de curto, médio e longo prazos, em todas as camadas da pirâmide que Maslow havia criado.

Trabalhei a minha fé, que era a convicção plena e absoluta de que eu alcançaria as minhas metas. Ainda faltava encontrar as ferramentas, mas tinha fé de que encontraria e sairia "à procura da felicidade", como Cris Gardner, vivido no filme homônimo por Will Smith.

E, pois, o milagre aconteceu: aprendi com um novo amigo de infância que o maior milagre é ver o milagre. Ele veio de duas formas: primeiro conheci Ana Lucia, que seria (e é) minha esposa, e em segundo lugar ela foi vital para que eu encontrasse um novo emprego, no qual nós dois pudemos trabalhar juntos.

Começamos a trabalhar com cursos de leitura dinâmica e memorização. Dávamos aulas e corríamos atrás de novos alunos. Abríamos a escola às 8h30 da manhã e fechávamos às

22 horas, de segunda à quinta-feira. Às sextas-feiras saíamos mais cedo. Aos sábados, trabalhávamos até às 17 horas e aos domingos até meio-dia.

Você pode perguntar: "Mas como, Jober, se você passou de 44 horas semanais de trabalho para 80 horas, e está dizendo que saiu da escravidão para a liberdade? Como pode se considerar livre alguém que tem de trabalhar o dobro do que trabalhava antes?".

E se eu dissesse que eu me cansava mais quando trabalhava 44 horas semanais do que agora, trabalhando 80 horas? Tudo porque eu tinha um propósito. A dor tinha desaparecido. Não desapareceu a luta, que era até bem maior, mas não havia mais dor, porque agora eu tinha um propósito para viver, agora eu tinha um destino para cumprir: fazer com que o nosso projeto desse certo e que eu superasse todas aquelas metas iniciais.

Essa é a grande diferença entre as pessoas que estão no Egito e as que estão no deserto. Fisicamente, elas podem estar juntas, no mesmo metro de espaço, podem estar juntas no mesmo trânsito lento e entediante, podem ter ainda os mesmos problemas, mas, mentalmente, estão em lugares diferentes. Uma apenas sobrevive enquanto a outra de verdade vive.

E isso acontece porque a fórmula de Bill nos ensina que sucesso é ser feliz. Entretanto, o que é ser feliz?

Vamos pensar nisso tentando refletir sobre duas questões.

Por que estou sozinho, com tanta gente à minha volta? Por que não estou cansado, quando tantos estão suspirando, em meio aos sofrimentos?

A razão pode ser encontrada em uma das coisas mais poderosas que Bill ensinou. Algo que nunca vi, em todos estes anos, em nenhum outro lugar. Então, preste atenção, pegue uma caneta e grife o que vou dizer: pense que, hoje, você está em sua vida num ponto A, e que seu sonho vai levá-lo até o ponto B; a felicidade está no caminho entre o ponto A e o ponto B. Veja bem: a felicidade não está depois do ponto B; ela está no caminho até o ponto B. A mágica do sonho é que você começa a ser feliz agora. Considere assim: felicidade é plantar, e sucesso é colher.

Quando você transforma seus sonhos em metas, isso dá um poder e uma energia incomparáveis. O que transforma seus sonhos em metas é o fato de colocá-los no papel, torná-los inicialmente concretos dessa maneira simples. Pode não parecer, mas isso exige coragem. Muitas pessoas fracassam nessa hora, porque a possibilidade de viver sem alcançar esses sonhos é assustadora, então pensam que, se não os colocarem no papel, quem sabe conseguirão se enganar e pensar que era só uma brincadeirinha, mais um devaneio do que um sonho.

Entretanto, se você coloca no papel, sente-se invencível. Nada mudou — ainda mora na mesma casa, eventualmente ainda tem o mesmo trabalho, enfim, o ambiente não mudou. Foi você que mudou. Sair do Egito e ir para o deserto não é questão geográfica, mas questão mental. No fim das contas, a maior batalha da sua vida será travada nesse espaço entre as suas duas orelhas. É aí que você vai ganhar ou é aí que você vai perder.

Seguindo a fórmula, você vai construir sua fé. Ora, mas o que é a fé?

A fé é a certeza absoluta de que uma coisa que ainda não aconteceu vai acontecer. Bill disse que não venderia sua fé nem por bilhões de dólares. Eu não tinha noção do que Bill estava falando, mas podem acreditar que, se a minha fé valesse 5 mil dólares, eu a venderia na hora! Brincadeiras à parte, eu queria aquela força, aquela certeza e aquela visão que Bill tinha. Uma fé de que seus negócios dariam certo, uma fé que fariam as coisas darem certo. A fé é um derivativo da esperança, é o contrário da depressão, é a ausência de dúvidas. A fé é o antídoto para o medo. Sem fé é impossível conquistar sonhos.

E as ferramentas? O que são as ferramentas?

Vamos considerar ferramentas tudo aquilo que puder ser usado para multiplicar seu valor — no nosso caso, centuplicar nosso valor. O exemplo que Bill usou foi o de uma empilhadeira que, com quase nenhum esforço, faz o trabalho de cem homens.

Podemos usar como exemplo o aprendizado da língua inglesa, que fez com que meu valor fosse multiplicado por cem. No entanto, naquela época, eu ainda não falava inglês. E, mais uma vez, um milagre aconteceu. Veio na forma de um livro chamado *Revolucionando o aprendizado*, uma tese de doutorado da Ph.D. em educação Janeth Vos e de Dryden Gordon (Makron Books, 1996).

Eu estava indo dar uma aula de leitura dinâmica e memorização em Bauru, cidade do interior do estado de São Paulo, na Universidade do Sagrado Coração de Jesus. Peguei o último ônibus do dia e me preparei para uma viagem de umas cinco horas. No ônibus, apenas umas seis pessoas, de modo que pude escolher o lugar. Ocupei um assento da última fileira e comecei a ler. O livro falava de métodos que estavam revolucionando a educação no mundo e graças a eles escolas estavam conseguindo tirar crianças da pobreza.

O que, porém, me chamou atenção era o que o texto dizia sobre o ensino de uma segunda língua. Falava de um método que havia ensinado soldados norte-americanos a falar alemão em poucas semanas, com resultados 661% melhores, quando comparados aos métodos tradicionais.

Tudo aquilo, claro, foi chamando a minha atenção, mas o que fez meus olhos brilharem estava na página 293, no alto, em destaque, escrito em letras maiúsculas, estava este anúncio: "Fale Francês Fluentemente em 8 Semanas". Um texto breve contava a história da Accelerated Learning System, uma empresa baseada na Inglaterra, com operações nos Estados Unidos, na Europa e no Japão, que ensinava espanhol, italiano, francês e alemão em oito semanas. No caso do idioma francês, os resultados tinham sido auditados e aprovados pelo governo da França.

Era bom demais para ser verdade. Fechei o livro e comecei a andar pelo ônibus, inquieto. Até hoje sou assim. Quando tenho muitas ideias, preciso andar. E uma ideia não me saía da cabeça: se o método funciona para o francês, certamente funciona para o inglês. Nem nos meus maiores devaneios eu poderia imaginar que, naquele ônibus, no meio da madrugada, indo sozinho para Bauru, estava nascendo a Universidade do Inglês.

LADRÕES DE SONHOS

Quando você decide sonhar, precisa estar preparado porque nessa hora vão aparecer na sua vida os três ladrões de sonhos.

Para você entender melhor, preciso contar uma história. Você assistiu a animação chamada *José, o rei dos sonhos*? Era a história de José, um menino mimado, caçula e o filho predileto. Enquanto os irmãos mais velhos trabalhavam duro, sua ocupação era observar o que eles faziam e contar ao pai. Tudo ia bem na vida de José, até que ele "sonhou um sonho". Sonhou que seria um líder. Com o sonho, porém, vieram os três ladrões.

O *primeiro ladrão* que vai aparecer na sua vida representa as pessoas que o amam e querem o seu bem, mas não acreditam em você e por isso querem protegê-lo. Provavelmente vão dizer assim: "Eu não vejo como isso pode acontecer em nossa família. Ninguém nunca fez universidade, em nossa família ninguém nunca foi líder, em nossa família não temos nenhum empresário. Você não acha que está dando o passo maior do que a perna? Você não acha que está sendo otimista demais? Você não deveria agradecer por já ter chegado até aqui?".

Foi o que o pai do José lhe disse, afirmando que não via chances de seu sonho se realizar. Quantos pais roubam os sonhos dos filhos, com a melhor das intenções... Querem que eles sejam médicos, quando preferem ser mecânicos. Querem que a vida dos filhos seja uma extensão melhorada da própria vida deles.

Não há nada de errado em querer que nossos filhos sejam melhores do que nós, até porque essa deve ser a ordem natural das coisas. Entretanto, querer que nossos filhos vivam nosso sonho é um erro. Eu conheço mecânicos que são muito, mas muito mais bem-sucedidos do que médicos. E no exemplo em que estou pensando, um é vizinho do outro. Nesse caso, em todos os aspectos, materiais e emocionais, o mecânico é mais bem-sucedido que o médico. Menos no status, mas não sei se isso enche a barriga.

O *segundo ladrão* representa as pessoas que têm inveja. A última coisa que elas querem na vida é que você alcance seus sonhos. Existem várias razões pelas quais isso acontece, mas, na minha opinião, a principal é porque querem que fique onde está, junto com elas, para que a luz do seu sucesso não ilumine o fracasso delas. Então, vão fazer de tudo para que fracasse, vão falar de você pelas costas, afinal quem você pensa que é? Está se achando melhor que os outros? Vai quebrar a cara e ficar com o rabinho entre as pernas. Vão mentir a seu respeito, dizendo que você não é quem diz ser, que está mentindo, que nunca, mas nunca mesmo vai conseguir alcançar seus sonhos. Alguns vão dizer: "Vai fazer frio no inferno antes de você alcançar seu sonho".

Foi o que fizeram os irmãos de José. Começaram por jogá-lo num poço, o resgataram apenas para vendê-lo como escravo, mentindo aos mercadores que o menino não era irmão deles e também mentindo ao pai, dizendo que ele havia morrido. É inacreditável o que as pessoas vão falar sobre os seus sonhos.

Quando estiver trabalhando duro, elas vão dizer que você tem de aproveitar a vida, que dessa vida não se leva nada, a todo momento vão lembrar que você não é bom o bastante, e quando tiver suas primeiras e mesmo que pequenas vitórias, vão dar de ombros e afirmar que foi por pura sorte.

Cuidado, muito cuidado com pessoas cheias de status, engravatadas ou não, aparentando ter muito sucesso, mas que, se perdessem suas atuais posições, não sobreviveriam três meses. Cuidado, porque se apresentam como experts para provar por que os seus sonhos não vão se realizar. A todos esses, só dê uma resposta: o seu sucesso. Guarde essa frase em seu coração: "O sucesso é a vingança".

E o *último ladrão* de sonho é o tempo. Sabe por que José sonhou que seria um líder? Porque ele não era um líder. De fato, se houvesse uma caça aos líderes, José estaria completamente seguro. Contudo, ele precisava de tempo para ser líder, para construir seu caráter, para se transformar na pessoa que precisava ser. José precisava de tempo para que seu sonho se tornasse realidade. Atenção: o tempo vai tentar, de todas as formas, roubar seu sonho.

Eu conheci Bill em novembro de 1994, e quase um ano depois a empresa que organizou o evento mandou os áudios do curso. Eram dezoito horas de áudios e eu ouvi aquele treinamento umas cem vezes. Você pode até dizer que eu estava fazendo uma lavagem cerebral em mim mesmo. Acho que estava mesmo. Precisava tirar o Egito de dentro de mim, precisava tirar os velhos hábitos, mudar paradigmas, construir uma nova visão.

Em setembro de 1996, a caminho de Bauru, com o livro *Revolucionando o aprendizado* em mãos, eu tinha tanta coisa negativa dentro de mim, havia passado por tantas derrotas, tanto sofrimento, tantos dissabores, que o saldo na minha conta bancária emocional era definitivamente negativo.

Tive de bloquear todo esse negativismo e adicionar coisas positivas todos os dias. E quando eu digo *todos os dias*, não é força de expressão — já que eu tinha de alimentar meu corpo todos os dias, então eu tinha de alimentar minha mente todos os dias.

Não sei se você fez as contas, mas se o treinamento todo durava dezoito horas e eu ouvi mais de cem vezes, consegue perceber quantas horas de treinamento eu ouvi? Aproximadamente 1.800 horas. Por aí você verá que leva tempo para deixar uma conta bancária emocional no azul, especialmente se ela estiver muito negativa. E, no meu caso, ela estava muito, mas muito negativa mesmo.

Os jornais, a televisão e a internet vão acrescentar à sua vida novas doses diárias de negatividade, porque notícias boas não vendem jornais. Vão tentar convencê-lo, dizendo que você precisa conhecer os fatos, por piores que sejam, que se não se informar vai se alienar. Ainda que se abstenha de notícias por certo período, para se poupar do negativismo, as pessoas virão lhe informar, de um jeito ou de outro:

"Você viu o dólar? Seu negócio nunca mais vai ser o mesmo!"

"Você viu o que o governo quer fazer? Acho que vão mandar todo mundo embora."

"Você viu como anda a segurança no país? Não dá mais pra sair de casa."

"Você viu a nova epidemia? Aliás, notou que você está meio pálido?"

"Você viu quem morreu de câncer? Não teve alguém na sua família que morreu de câncer também?"

"Ele estava trabalhando duro para ser promovido e foi mandado embora."

"Já tentaram isso antes e não deu certo..."

"Você viu quem perdeu? Seu time!"

O negativo vem naturalmente para o seu dia. Você não precisa fazer nada para isso acontecer, mas o fato é que, além disso, muitas pessoas ainda buscam pelo negativo diariamente, aumentando o déficit a cada dia. Esse é um hábito nocivo e muito difícil de eliminar. Soma-se a isso que cada derrota, cada projeto malsucedido, cada vergonha sofrida, parece um sinal de que nada mais vai dar certo. Com isso, velhos hábitos querem se levantar, como uma alergia que tenta tomar seu corpo. É a vontade de voltar a beber só para relaxar, entrar nas redes sociais só para ver como estão as coisas, ficar até de madrugada na internet só para espairecer.

Leva tempo, e exige esforço. Porque, primeiro, você sai do Egito, depois precisa tirar o Egito de dentro de você. Você vai sentir medo e ele vai aparecer para tentar derrotá-lo. Virá das mais diversas maneiras e então você terá de vencê-lo, porque a pior coisa que poderia acontecer com você seria voltar para o Egito. O Egito não aceita ninguém de volta. E voltar para lá significa morrer, às vezes uma morte mental, mas muitas vezes o preço é a morte física mesmo.

Em outros momentos são os ladrões de sonhos que vão aparecer. Virão como amigos, tentando ajudá-lo, tentando poupá-lo de sofrimento. No fim, porém, eles vêm para alertá-lo de que nada vai dar certo e de que nem adianta tentar.

Eu me lembro de um desses amigos, que disse assim: "Jober, você é a coisa mais parecida com uma ameba que eu já vi na minha vida. Nem adianta você estudar, ler um monte de livros, ouvir esse monte de áudios, porque o tempo passa igualmente para nós dois e quanto mais você crescer, mais eu cresço".

Você pode ter dois tipos de atitude diante de uma situação como essa. Ou senta e chora, admitindo que ele está certo. Ou enche o peito, levanta a cabeça e diz para si mesmo (mas não em voz alta, para que ninguém o ouça): "Deus, dê longa vida aos meus inimigos para que eles assistam de pé a minha vitória!".

Como eu já disse: sucesso é vingança. Como dizem os norte-americanos: *success is revenge*.

Outros vão passar você para trás mesmo, vão roubar suas ideias, roubar seu dinheiro, roubar seu emprego. Ainda me lembro de uma circunstância, numa sala de aula de universidade. Logo depois de terminar uma exposição, o professor disse para o meu chefe: "Você não pode mandar outra pessoa? O Jober é muito fraco". E provar para esse professor que eu não era fraco me proporcionou uma das maiores vitórias da minha vida, mas, no fundo, eu sou devedor desse professor. Acho que deveria pagar um almoço para ele, no McDonald's, é claro!

Ah! O Bill me ensinou mais uma coisa: quanto maior a luta, maior a conquista.

Traduzindo, quanto maiores os seus sonhos, maior será a objeção que vai encontrar. Agora a decisão é sua. Ou enfrenta a grande luta ou reduz o sonho. Por isso está escrito que o mundo pertence aos grandes sonhadores. Se estiver disposto a sonhar grande, posso lhe dizer que algumas coisas vão acontecer.

DECIDA ENFRENTAR SUAS MONTANHAS

Quando enfrenta suas montanhas, só precisa decidir se vai passar por cima delas, ao lado delas ou por baixo delas. Talvez até tenha de passar pelo meio delas, mas tem de decidir uma coisa, apenas uma coisa: que vai passar!

Aprenda a dizer: problemas fazem parte da vida, e eu sou maior do que os meus problemas.

Em setembro de 1996, li o livro que mudaria a história da minha vida. No entanto, eu não sabia; eu só queria aprender a falar inglês. Eu achava que alguém já teria trazido aquele método para o Brasil e fui procurar uma escola que o usasse para, de uma vez por todas, aprender a falar inglês. E seria em oito semanas. Foi quando apareceu mais um problema.

Aqui está uma grande diferença entre você estar no Egito e estar no deserto, uma grande diferença entre uma conta bancária emocional negativa e uma conta bancária emocional positiva: quando um problema aparece e você está no Egito, reage como vítima, e quando está no deserto, mas com a conta bancária positiva, você enxerga uma oportunidade.

O problema que apareceu é que ninguém havia ainda trazido esse curso de inglês para o Brasil. Caramba, então como eu ia falar inglês em oito semanas? E foi aí que vi uma oportunidade.

A oportunidade se somou a um novo fato: fui demitido, sob a alegação de que estava trabalhando demais.

Era hora de sair do deserto.

3

O OÁSIS

***O** maior entre vocês que sirva o menor.*
(Lucas 22:26)

Você entra no deserto sozinho, mas não sai sozinho. Como no filme *Matrix*, Morfeu acreditava em Neo mais do que o próprio Neo. A partir dessa confiança, Neo adquiriu tanta segurança em si que os outros escolheram segui-lo.

Para sair do deserto, você precisa desenvolver suas características de liderança. Entretanto, vamos admitir: é assustador ter de assumir algumas responsabilidades que agora estão em nossas mãos.

Se entrou no deserto para lapidar seu caráter, construir sua fé e escrever seu destino, agora tudo isso será colocado à prova.

Antes, quem cuidava de seu caráter era você; agora tem gente observando suas atitudes e lhe cobrando coerência e integridade. Sua fé agora não é mais só em si mesmo; precisa ter fé em outras pessoas e, convenhamos, é quase impossível depositar fé em algumas delas.

Tudo isso para escrever o seu destino.

O mundo está pedindo, esperando, quase clamando por liderança. Por isso, quando você sabe para onde está indo, as pessoas querem segui-lo. Como disse o tio Ben para Peter Parker, em *O homem aranha*: "Com grandes poderes, vêm grandes responsabilidades".

Precisamos ser líderes em várias situações. Em primeiro lugar, devemos liderar nossos filhos, mostrar para eles que o bem vence o mal, apesar do que as notícias mostram. O que o mundo precisa hoje é de tremendos pais que liderem pelo exemplo, que estejam dispostos a fazer sacrifícios pelos filhos. Você toma a decisão de fazer as coisas do jeito certo, mas se age costumeiramente sonegando impostos, dando propinas a policiais, comprando CDs piratas, ou se manda dizer que não está, quando toca a campainha ou o telefone, e, principalmente, se não pede que eles evitem fazer coisas erradas, como votar em alguém que rouba, mas faz, cuidado! Seus filhos são esponjas ambulantes. Eles absorvem tudo o que veem você falar e fazer. E, se age assim, contrariando o senso lógico e a ética, ou se age corretamente, de acordo com o sentido estrito do respeito ao outro e a si mesmo, mais cedo ou mais tarde vai entender o ditado "tal pai, tal filho".

Certa vez, na África, uma equipe de pesquisadores recolheu um grupo de filhotes de elefantes, e precisaram separá-los dos pais para levá-los para uma área onde esses animais estavam em extinção. Tempos depois, quando esses filhotes cresceram, passaram a barbarizar a região. Eles matavam rinocerontes sem nenhuma razão, apenas para se divertir — se é que podemos dizer que animais se divertem assim. Estudos mostraram que isso aconteceu porque eles foram separados dos pais, e não aprenderam o caminho da vida.

Será que com os humanos é igual? Pesquisas conduzidas por especialistas da assistência social revelaram que, nas comunidades do Rio de Janeiro, uma criança está em risco quando é criada só pela mãe, quando o pai, por qualquer razão, está ausente. E como os especialistas descobriram isso? Fazendo uma pesquisa nas prisões e vendo quem estava lá. O resumo da ópera: o mundo não precisa de melhores governos, o mundo não precisa de melhores escolas, o mundo precisa é de tremendos pais — estes, sim, mudam governos e mudam escolas.

Temos de liderar nossos cônjuges. Sim, isso mesmo. Às vezes o marido lidera a mulher e às vezes a mulher lidera o marido. São estilos de liderança diferentes, porque um é homem e o outro é mulher, mas nos quais ambos têm voz e são respeitados.

Há muita confusão quando pensamos em igualdade e estilo. Se uma mulher lidera com estilo masculino, ela perde aquilo que tem de mais valioso, ou seja, a identidade. O inverso também é absolutamente verdadeiro. Não é preciso uma regra ou um modelo determinado, é preciso equilíbrio.

Temos de aprender a liderar nossos colaboradores e muitas vezes nossos pares. E nas empresas progressistas, temos de aprender até a liderar nossos líderes.

OS QUATRO ESTILOS DE LIDERANÇA

Aproveito aqui para falar dos quatro estilos de liderança: autoritária, paternalista, motivacional e inspiracional.

Na *liderança autoritária*, manda quem pode e obedece quem tem juízo.

O desafio dessa liderança é que, quando a fonte da autoridade cessa, a liderança se encerra. Por exemplo, se uma pessoa lidera os filhos à base da força, enquanto são pequenos tudo está sob controle, mas, quando crescem e ultrapassam o pai, pela mesma regra agora começam a mandar nele. Claro, são os mais fortes agora. O mesmo exemplo serve para o dinheiro. Quem tem dinheiro manda, mas assim que o dinheiro acaba...

A próxima é a *liderança paternalista* que diz: não se preocupe, eu faço tudo.

O grande desafio aqui é que, quando acaba a capacidade de fazer tudo, a liderança acaba também. Alguns líderes tentam sustentar seus departamentos com esse estilo, mas, assim que a empresa cresce, esse modo de gestão se mostra ineficaz. Às vezes a empresa não cresce, justamente por causa desse estilo de gestão.

Depois temos a *liderança motivacional,* na qual o líder grita e incentiva o tempo todo: "Vamos lá! *You can do it*! (Você pode fazer!). Um por todos e todos por um!". E os gritos de guerra vão por aí em diante.

O grande desafio desse tipo de liderança é que, se um dia, o líder chega cabisbaixo, capengando, um burburinho começa a correr pela empresa: "Acho que a empresa vai falir...". E, na verdade, o líder só tem um calo no pé.

E, por último, temos a *liderança inspiracional*, que vê cada ser humano com um potencial ilimitado. Aqui, o líder ajuda a colocar esse potencial para fora, auxiliando cada um a ser o melhor que é capaz de ser.

É óbvio que o líder inspiracional é o mais alto nível de liderança. Eventualmente, porém, podemos ter de orbitar pelos quatro tipos de liderança em nossa jornada, de acordo com a maturidade e o momento em que estão os nossos liderados.

Isso nos leva a outro tema: em nossa caminhada pelo deserto, vamos encontrar quatro tipos de pessoas. Descobri isso com Bill, quando ele contou a parábola do semeador.

Ouça! O semeador saiu a semear.

Enquanto lançava a semente, parte dela caiu à beira do caminho, então as aves vieram e a comeram. O segredo dessa metáfora é que ela representa as pessoas que escutam e concordam, seja com novas ideias, seja com um novo projeto. Entretanto, assim que alguém fala o contrário ou diz que não vai dar certo, elas desistem. São as chamadas "Maria vai com as outras".

Eu conheço uma pessoa que saiu do emprego para iniciar um novo e pequeno negócio. Ela combinou que um conhecido, que seria seu sócio, se juntaria pouco tempo depois. Quando chegou a vez de o outro sair do emprego para completar a sociedade, simplesmente desistiu.

Lembro-me de outro caso em que o funcionário foi defendido pelo chefe para uma promoção, diante de toda a diretoria. Depois que a muito custo conseguiu convencer os diretores de que o jovem era a melhor escolha, o rapaz desistiu da promoção, alegando que estava despreparado. Imagine a situação do chefe diante da diretoria.

Pense agora no noivo que desiste de casar às vésperas do casamento, alegando não estar preparado para esse novo nível de responsabilidade, depois de ter entregado todos os convites e de já ter recebido a maioria dos presentes. Essas são as pessoas que vão deixá-lo sozinho no deserto, na primeira oportunidade que tiverem.

O semeador, distribuindo sementes, deixou outra parte delas cair em terreno pedregoso, onde não havia muita terra. As plantas logo brotaram, mas a terra não era profunda o bastante para as raízes. Assim que saiu o sol, as plantas queimaram e secaram. O segredo dessa metáfora é que ela representa as pessoas que ouvem e até pulam de alegria com as novas ideias ou novos projetos, mas, quando surgem as dificuldades, desistem, "pedem pra sair".

Conheço um projeto do qual todas as pessoas desistiram, diante das dificuldades. Apenas uma perseverou. Era um projeto que estava mudando a vida de milhares de profissionais que queriam crescer na carreira e ser promovidos no trabalho. Apenas uma delas perseverou. E venceu. Foi a única exceção; todos abandonaram o projeto durante a jornada.

Existem pessoas que abandonam a família por causa de uma dificuldade. Sei, inclusive, de alguém que abandonou os próprios filhos. Li recentemente sobre um grupo de executivos que deixaram a empresa onde trabalhavam na mão. Esse é o segundo tipo de pessoas que vão abandoná-lo no meio do deserto.

Outra parte das sementes caiu entre espinhos, que cresceram e sufocaram as plantas, de maneira que elas não deram fruto. O segredo aqui é que a metáfora representa as pessoas que ouvem e aceitam as novas ideias e os novos projetos, mas as preocupações da vida ou até mesmo o sucesso já alcançado as fazem desistir. Os primeiros são reféns das circunstâncias, e os últimos os super-heróis.

A respeito deste último tipo de pessoas, não posso deixar de trazer um exemplo que me foi dado por uma das maiores autoridades em marketing no Brasil, autor de vários livros, e com quem tive a oportunidade de fazer meu MBA em Marketing, Francisco Alberto Madia. Ele me disse o seguinte:

> As mudanças pelas quais estamos passando são avassaladoras, e existem dois tipos de empresas que não vão sobreviver a elas. As muito pequenas, que, por não perceberem o que está acontecendo porque estão muito ocupadas lutando pela sobrevivência, vão desaparecer sem sequer saber o que aconteceu. E as segundas, embevecidas pelo sucesso e pelo tamanho de suas pesadas estruturas, quando perceberem a necessidade da mudança, já será tarde demais.

O mesmo vai acontecer com as pessoas. Conheci um profissional jovem e promissor, tão preocupado com doenças na família, problemas financeiros, problemas de relacionamento com os colegas, que jogou pela janela uma das mais brilhantes carreiras. Também conheci outro que já tinha tanto sucesso, mas tanto sucesso, que abriu mão de retribuir um pouco do que a vida lhe havia oferecido, porque todo o seu tempo era gasto em usufruir do sucesso alcançado. Definitivamente, você não vai querer essas pessoas no deserto com você.

A outra parte das sementes caiu em boa terra, germinou, cresceu e deu boa colheita, a trinta, sessenta e até cem por um. O segredo dessa metáfora é que algumas pessoas que você encontrará ao longo do caminho vão aplicar a fórmula do sucesso (Necessidades × Fé × Ferramentas = Sucesso/Felicidade), e são elas que vão centuplicar o seu valor. Quando conheci Bill, ele me disse que, se eu aplicasse essa fórmula na minha vida, teria o meu valor até centuplicado, desde que conseguisse fazê-lo por dois a cinco anos, de maneira persistente e consistente.

Isso aconteceu em novembro de 1994. Cinco anos depois, definitivamente eu valia cem vezes mais. Do ponto de vista da renda, da carreira, do ponto de vista acadêmico, tinha cem vezes mais amigos, considerando o valor e a qualidade das amizades; tinha cem vezes mais valor familiar, emocionalmente estava em um patamar cem vezes superior e mesmo espiritualmente era cem vezes melhor. Tudo o que fiz foi acreditar que eu era uma terra fértil e que poderia ter meu valor centuplicado.

Agora eu não estava mais sozinho. Tinha um grupo de pessoas dispostas a sair do deserto comigo.

No entanto, antes de falar delas, preciso mencionar que há outro grupo de pessoas que vão ajudá-lo a sair do deserto.

São seus mentores, pessoas que passaram pelo deserto antes de você e que sabem o caminho para sair, pessoas que muitas vezes acreditam em você e no seu projeto muito mais do que você mesmo, pessoas que têm uma visão superior do momento pelo qual está passando. O valor dessas pessoas é inestimável.

Recentemente, vi um jovem empresário, negro como eu, na capa de uma revista, agradecendo um grande e conhecido empresário que havia escolhido ser seu mentor e que o ajudou a alcançar um faturamento de 30 milhões por ano. Uma coisa eu aprendi naquele fim de semana: cada um só dá o que tem. Um empresário que fatura 100 milhões por ano pode ajudar outro a faturar 30 milhões por ano. Mas um empresário que fatura 1 milhão por ano não pode ajudar outro a faturar 2 milhões porque cada um só dá o que tem, cada um só pode ajudar outro até o nível a que já chegou.

DETALHANDO O MILAGRE

Já contei o que me aconteceu quando descobri, na livraria que ficava no andar térreo da escola onde eu trabalhava, o livro que mudaria minha vida. O livro chamou minha atenção por duas razões. Pelo título, *Revolucionando o aprendizado*, e pelo preço, uns 230 reais. Havia três exemplares na prateleira.

Como conhecia meu patrão, que também era o dono da livraria, tinha certeza de que, quando aqueles livros fossem vendidos, ele nunca mais compraria outros, por causa do preço. Foi precisamente o que aconteceu — mas consegui comprar o último exemplar, antes que fosse vendido para outro.

Como já contei antes, tempos depois, num ônibus, a caminho de Bauru, comecei a ler o livro. Chegando à página 293, simplesmente perdi o fôlego, quando li o anúncio que prometia ensinar francês em oito semanas. Já contei que fui procurar o curso, para me inscrever, depois que voltei para São Paulo. Contudo, o programa não existia por aqui, e então decidi trazer o método para o Brasil. Entretanto, posterguei essa ação até que fui despedido, sob a alegação de que trabalhava demais. Os milagres, às vezes, acontecem de estranhas maneiras.

Naquele ponto eu não tinha alternativa. Não havia lugar para onde pudesse voltar, e só me restava seguir adiante. Como já disse, você não sai do deserto sozinho. Algumas pessoas acreditaram em meu sonho e resolveram fazer a jornada comigo. Trouxemos o método para o Brasil e abrimos nossa primeira escola, na avenida Paulista, o coração financeiro de São Paulo.

Sei que parece impossível aprender inglês em oito semanas. Eu mesmo ficaria desconfiado se visse alguém prometer isso. Eu mesmo consideraria impossível, se não tivesse lido o livro *Revolucionando o aprendizado*. O fato, porém, é que o número de pessoas que acreditava foi suficiente para lotar um andar inteiro na avenida Paulista, o que nos obrigou a alugar um segundo andar do prédio. E aí a coisa explodiu. Foram 5 mil alunos, 10 mil alunos, 15 mil alunos.

Alcançamos a marca de vinte escolas, a maioria delas aberta por ex-alunos que ficaram alucinados quando aprenderam a falar inglês em oito semanas. Eram pessoas que testemunharam a aprendizagem acelerada e resolveram pedir demissão de grandes empresas como General Motors, IBM e Xerox, para citar algumas, e se juntar a essa jornada. E foi aí que chegamos ao oásis.

No entanto, fique atento para este alerta: o oásis é a sua zona de conforto, e não o seu ponto de chegada.

Essa é a confusão que muita gente faz. Querem chegar a um lugar onde possam relaxar e descansar para sempre. Talvez esse desvirtuamento tenha origem nos contos de fada, que sempre terminam com as pessoas vivendo felizes para sempre. A realidade, porém, não é essa. Não nesta vida. É a ilusão que move as pessoas a querer ganhar na Mega-Sena, porque pensam que conseguirão acabar com o sofrimento. Não fomos criados para esse descanso em vida. Fomos feitos para criar, fomos feitos para crescer. Temos de nos desenvolver, e qualquer coisa contrária a isso vai nos expulsar do oásis.

Eu nunca havia pesquisado sobre oásis. Na minha cabeça não passava de um lugar com duas palmeiras, ou no máximo três, e um poço. Era assim que eu imaginava um oásis. Entretanto, ao estudar, descobri que existem oásis com dimensões dez vezes maiores do que a cidade onde moro, que tem 13 quilômetros quadrados. Li também que o oásis é um lugar de paz, por isso pode até ser confundido com um lugar para ficar para sempre. Mas não. A acomodação pode tirá-lo do oásis, mas os problemas também podem.

Conheço uma moça que ganhou na loteria, há muitos anos, há tanto tempo que a maioria das pessoas não se lembra. Ela era solteira e as irmãs também. Com o dinheiro, mudaram-se para uma bela casa. E todas continuaram solteiras. Mais de vinte anos depois, o dinheiro acabou. Elas tiveram de vender a casa e mudar para o interior.

Conheci empresas que se prenderam ao sucesso conquistado e não aceitaram a chegada das novas tecnologias. Simplesmente desapareceram. Há casos mais trágicos, como aquele em que os proprietários acharam que o oásis fosse o destino final e, quando tiveram de sair, não aceitaram a dor e acabaram se matando.

Há pessoas que, para garantir seu lugar no oásis, travam o crescimento de todos no setor de trabalho, porque afinal só faltam dois ou três anos para a aposentadoria. O oásis, porém, é implacável. Se alguém perder a paz está fora, tem de voltar para o deserto.

É muitíssimo raro que alguém volte do oásis para o Egito, que retorne para a escravidão. Normalmente, passa a andar em círculos, no deserto, em torno do oásis. Pequenos problemas o autorizam a rodar em círculos, bem pertinho do oásis; grandes problemas o colocam longe, bem longe do oásis. Às vezes, você pode ter a impressão de que perdeu o oásis de vista, mas de alguma maneira, ao reencontrar a paz, você o encontra novamente. Foi o que aconteceu comigo.

Apesar dos fantásticos resultados dos nossos alunos com o curso de inglês, eu não tinha experiência empresarial. Procurei por mentores, por aconselhamento, mas nosso negócio era tão único que não havia quem tivesse conhecimento suficiente para ajudar.

Nessa época, a nossa principal forma de propaganda eram as faixas de rua. Quando a nova prefeitura da cidade de São

Paulo implantou o que ficaria conhecido como "lei da cidade limpa", praticamente fechou nosso negócio. Com mais de 1 milhão de reais em dívidas, voltamos para o deserto.

DE NOVO, O DESERTO

Foram tempos difíceis. Mergulhamos em tristeza e amargura, entre a lembrança de um passado maravilhoso, a consciência de um presente devastador e a incerteza de um futuro que... quem sabe o que seria? Foram sete anos de deserto. Poderiam ter sido onze dias, ou poderiam ter sido quarenta anos, mas eu não me esqueço de que poderiam ter sido onze dias.

Quero compartilhar uma coisa aqui: os sentimentos negativos vão deixá-lo no deserto por muito mais tempo do que o necessário. Raiva, ódio, vitimização, tristeza, depressão, autopiedade, todas essas coisas vão deixá-lo cego para o caminho de volta ao oásis. A hora do deserto é de perdão, amor, confiança, alegria, esperança, alta autoimagem e, principalmente, paz. É esse conjunto de atitudes que o leva de volta ao oásis.

Foi nesse período que montamos nosso projeto social que ajuda jovens que estudam em escolas públicas a falar inglês. Com todas as nossas dificuldades, sem recursos, foi difícil manter o projeto. Entretanto, era a nossa plantação, uma maneira de dizer a nós mesmos e aos que estavam à nossa volta que ainda acreditávamos no futuro. E, com todos os obstáculos, conseguimos fazer com que centenas e centenas de jovens, muitos deles moradores de comunidades carentes, conseguissem evoluir e ganhar espaço pessoal e profissional. Muitos saíram das favelas, e até trabalham em multinacionais, graças a esse projeto.

No final de 2007, uma bíblia veio novamente salvar minha vida. Não foi a mesma Bíblia cristã do Bill, mas uma bíblia de vendas. Isso mesmo. Era esse o nome do livro: *A bíblia de vendas* (Makron Books, 2010), escrito por Jeffrey Gitomer. Um livro excelente, mas não para o momento que eu vivia. O autor bateu tanto em mim que eu queria ir para os Estados Unidos brigar com ele e perguntar bem na cara dele quem pensava que era para falar comigo daquele jeito. No próprio livro, porém, havia uma resposta de Jeffrey. Ele me disse: "Por seis meses, pare de sentir dó de si mesmo". E me mandou desligar a televisão, sair da internet e crescer.

Decidi fazer o que ele recomendou, mas decidi fazer ainda mais. Dei a mim mesmo um prazo maior, de um ano, e não só de seis meses. Resolvi que por um ano faria mais uma vez tudo aquilo que Bill havia me ensinado. Usaria mais uma vez as cinco chaves da verdadeira riqueza.

Em primeiro lugar, eu sonharia. Era a primeira chave. Iria mais uma vez sonhar com dias melhores, acreditar verdadeiramente que o melhor ainda estava por vir. De uma vez por todas eu voltaria a acreditar que meus melhores dias ainda estavam à minha frente e que o sucesso que eu havia experimentado no passado não se compararia ao sucesso que eu teria no futuro. E eu sonhava, disciplinadamente, com um futuro melhor.

Mais uma vez eu iria usar a segunda chave: buscar o conhecimento. Lembro que, em 2008, li 52 livros — um por semana. Em algumas semanas devorei dois ou três em sete dias, quando eram livros mais finos, em torno de 130 páginas.

Livros mais volumosos, de quinhentas páginas mais ou menos, tomavam um pouco mais de tempo, mas mantive a meta, sem falhar nem uma semana. Eu sabia que não seria fácil. No entanto, sabia também que valeria a pena. Também ouvi todos os dias os áudios de um famoso palestrante norte-americano. Eram áudios de trinta minutos. Em dias normais ouvia um; em dias difíceis ouvia dois ou três.

Usei mais uma vez a chave número 3, que falava de associação. Encontrei dois mentores que me acolheram nessa época. Um deles foi um empresário, dono de uma das maiores operações de bijuteria do Brasil. O outro foi um líder empresarial de nível internacional que estava à frente de uma das maiores indústrias do segmento de bronze, com mais de seiscentos colaboradores. Essas duas pessoas cuidaram de mim. Elas abriam mão de hábitos caros e iam a lugares mais econômicos quando eu estava junto.

E aqui vai uma orientação de conduta para aqueles que pretendem ser líderes: "Líderes não pedem favores". Nesse período, eu nunca pedi dinheiro emprestado para os meus mentores, para não correr o risco de me transformar num peso para a vida deles. Para mim, o que eles tinham de mais valioso eram a sua visão e os seus conselhos. Minha eterna gratidão a esses dois amigos: Sergio Araújo, a quem carinhosamente chamo de Serginho, e José Perez, a quem respeitosamente chamo de Perez, por causa dos seus dois metros de altura.

Usei a chave número 4, a da plantação. Durante esse período de crise, adquiri um novo amigo. Nós nos conhecemos por meio de uma entrevista que dei, antes de eu quebrar, a uma revista da Editora Abril, para uma reportagem sobre empresários de sucesso.

Ele me procurou, com um exemplar da revista nas mãos, dizendo que queria me ajudar a levar a aprendizagem acelerada para a internet. Eu nem havia pensado nessa possibilidade, porque estava muito machucado. Começamos a plantar essa pequena semente e, em 2008, encerramos as operações presenciais que ainda mantínhamos em uma última unidade franqueada e migramos a operação 100% para a internet.

Aqui aproveito para registrar a participação de duas pessoas de vital importância. Uma delas foi José Sérgio Boffette, o último herói a manter sua unidade franqueada aberta. Ele sabia que eu nunca o deixaria na mão, jamais o abandonaria no meio do deserto, e foi quem me obrigou a manter a chama acesa. O outro foi esse novo amigo, José Eduardo Camargo, o Edu, que nos levou para a internet. Eu nunca vou me esquecer dos três dias que ele passou para me convencer a levar a Universidade do Inglês para a internet.

E usei, principalmente, a chave número 5, que era o poder da palavra. Passamos a falar das coisas, que ainda não eram, como se já fossem concretas. Passamos a falar de como a internet daria certo e de como esse era o novo caminho para a educação mundial — e, claro, para a educação brasileira. De nosso vocabulário, desapareceram palavras de derrota, fracasso, vitimização. Palavras de vitória, palavras de construção, palavras de sucesso, era tudo o que eu proferia.

Depois de um período de testes pedagógicos, quando tivemos certeza de que os resultados dos alunos pela internet eram superiores aos resultados dos alunos presenciais, estávamos prontos para a fase seguinte.

É necessário dizer que, quando mudamos nosso jeito de falar, novamente os milagres voltaram a nos perseguir. Um deles foi que alugamos uma sala de aula on-line para oito alunos. Entretanto, por motivos técnicos, a turma ficou restrita a um só aluno. O resultado, porém, foi tão espetacular que tomamos a decisão de sacrificar nossas margens e dali em diante nos dedicamos só a aulas particulares. No dia 3 de dezembro de 2009, lançamos oficialmente nosso novo programa na internet.

Por duas vezes as cinco chaves me levaram a um novo patamar em minha vida. Por duas vezes elas centuplicaram o meu valor. E, antes de contar até onde elas me levaram, deixe-me compartilhar em detalhe como Bill me ensinou a usar cada uma delas.

Os próximos capítulos vão revelá-las para você também e espero que possa vivê-las plenamente. São elas:

Chave 1: O sonho

Chave 2: A busca pelo conhecimento

Chave 3: A associação

Chave 4: A plantação

Chave 5: O poder da palavra

Essas cinco chaves serão capazes de transformar a sua vida, assim como transformaram a minha.

4

O SONHO

E *José sonhou um sonho.*
(Gênesis, 37:5)

Bill disse que tudo começa com um sonho. E o mundo pertence aos sonhadores.

Walt Disney teve um sonho, Steve Jobs teve um sonho, Martin Luther King teve um sonho e até minha vó Irene Chaves teve um sonho. Há uma coisa em comum nesses sonhos que mencionei: eles se realizaram.

Existe uma fórmula para sonhar. Para construirmos o sonho, usamos o que temos na memória e nossas ligações com o passado, e esse volume de informações é finito. Nossa percepção do presente é também limitada. Contudo, nossa imaginação, que é a criação do nosso futuro, essa, sim, é infinita.

Em consequência, um dos segredos, na hora de construir os sonhos, é não ficar preso ao passado nem ao presente. Deixe para trás as más experiências que guarda na memória, delete ou pelo menos desconsidere erros e fracassos do passado — a não ser que eles tragam ensinamentos importantes para o futuro. Também devemos superar, por muitas vezes, a dureza das circunstâncias atuais. E assim nos conectarmos à imaginação. Ou melhor: soltarmos nossa imaginação.

Foi Einstein quem disse: "A imaginação é mais importante que o conhecimento". Quando perguntaram a ele o que diria ao encontrar Deus, ele falou: "Como começou o universo? Porque depois disso é tudo matemática".

Para construir nosso sonho precisamos de visão. Visão é como sonhar acordado. É ver o que ainda não aconteceu, como se já estivesse acontecendo. As crianças são assim: sonham ser bombeiros, astronautas, cantores e jogadores de futebol. São sonhadoras e nunca deveriam mudar, como queria Peter Pan, no livro *A terra do nunca*. Tudo o que se precisaria fazer é aprimorar os sonhos de criança e tudo seria perfeito.

Vamos a um exemplo. Se você, quando pequeno, sonhava em ser jogador de futebol, ou hoje nota que seu filho tem esse sonho, não lhe roube a esperança. Aprenda com o passar do tempo que ele pode aprimorar o imaginário até que o desejo de jogar futebol fique menor que os novos sonhos. Você pode substituir um sonho, como deixar o futebol, e sonhar com mudar o mundo por meio da educação, por exemplo. Você pode também mudar um sonho, como esquecer o desejo de ser cantora, para construir uma rede de hotéis que alcance o mundo inteiro.

O segredo, aqui, é nunca parar de sonhar. À medida que cresce, aprimore o sonho. Mude seu nome se as pessoas à sua volta assim o exigirem. Passe a chamá-lo de plano de carreira, plano de negócios, plano de crescimento, chame de *imagenharia* (a engenharia da imaginação, como a designou o gênio Walt Disney), chame do que quiser. Entretanto, não importa quão sério é o seu negócio, sonhe em mudar o mundo, seja você o dono de uma fábrica de brinquedos ou especialista no departamento de pesquisas de um grande laboratório farmacêutico. Sonhe com inventar um brinquedo com imagens tridimensionais "dentro" do qual as crianças possam brincar, e que nunca precise de energia elétrica para funcionar. Sonhe descobrir a cura para o câncer. Nunca deixe ninguém matar a criança dentro de você. É ela que faz você sonhar, é ela que faz você viver. Sonho é o combustível da excelência. Sonho é a estrada para a vida.

Todas as coisas são criadas duas vezes, primeiro na mente e depois no mundo físico. Ocorre assim com os arquitetos, com os engenheiros e até com os médicos. Primeiro, eles criam a planta, o projeto e até mesmo os diagnósticos, como protótipos mentais do que ainda vai acontecer.

Nesse ponto, Maslow vem nos socorrer mais uma vez, para construirmos nossos sonhos com base na pirâmide de prioridades, lembra-se? Fiquemos com o modelo simplificado da pirâmide. Segurança na base, associação no meio e autorrealização no topo da pirâmide.

Agora vamos sofisticar os nossos sonhos, e passaremos a chamá-los de metas: de curto prazo (um a dois anos), médio prazo (dois a cinco anos) e longo prazo (cinco a dez anos). As coisas têm acontecido tão rapidamente, por causa da velocidade com que as ferramentas mencionadas nas fórmulas de sucesso estão multiplicando os projetos, que às vezes fico tentado a diminuir as metas de longo prazo para cinco anos. Em contrapartida, quando vejo jovens de 25 anos fazendo muito dinheiro com seus produtos pela internet, por exemplo, e sem maturidade para transformar esse produto em negócio, para assumir o chamado da liderança e para lapidar o caráter, percebo que algumas coisas ainda levam tempo. Existem exceções, evidentemente. Homens e mulheres que, em razão de combinar seus grandes sonhos com suas extremas necessidades, quebrarão recordes e construirão carreiras e negócios meteóricos, enquanto lapidam o caráter também em tempo recorde.

Se olharmos a história de José, veremos que ele levou treze anos para avançar da condição de menino mimado para a de líder de uma nação. Transformou-se em líder exemplar aos 30 anos, segundo cálculo de historiadores. Foi uma jornada de longo prazo, segundo as nossas métricas, mas concluída por um jovem de 30 anos.

Voltemos à construção de nossas metas de curto, médio e longo prazos.

DA BASE AO TOPO

Na base da pirâmide vamos colocar as metas ligadas à nossa segurança, que são as prioridades econômicas.

As metas de segurança são acadêmicas, profissionais e financeiras.

Acadêmicas são todas as coisas que vão construir o seu currículo.

Acredito em construir um currículo único, um currículo sem concorrentes. No meu caso, fiz o curso técnico de Contabilidade, depois cursei até o terceiro ano de Economia. Foi quando comecei a buscar minha formação em Marketing. Na época, não havia cursos de Marketing no país, mas era o que eu queria colocar no meu currículo. Tratei de meter a cara nos livros e mergulhei em pesquisas, adquirindo conhecimento por esse método. Até que surgiu a oportunidade de cursar um MBA de Marketing na mais prestigiosa escola dessa disciplina no país: a Madia Marketing School.

As universidades não atendiam minhas expectativas, nem em relação ao tempo que eu tinha para estudar nem ao que queriam colocar no meu currículo. Por exemplo, no meu primeiro ano de Economia, a grade semanal de disciplinas era a seguinte: seis aulas de Direito, quatro de Matemática, duas de Português, duas de Sociologia, duas de Informática e só duas de Economia. Eu tinha pressa, queria muito mais. Por isso, não teve jeito de gostar dessa grade. Sempre fui acelerado e, para alguém com meu ritmo, a rotina acadêmica se tornava desmotivadora. Então, decidi ir além e busquei cursos mais específicos.

O que quero mostrar aqui, porém, é que, à luz das suas metas, não à luz do que determina o governo, do que determinam seus pais ou as circunstâncias atuais, você deve construir um currículo único. Não se deixe parar num nível em que todos têm exatamente as mesmas competências, transformando-se em colaborador para um mercado de "commodities". O termo significa, basicamente: arroz é tudo igual, laranja é tudo igual, ferro é tudo igual. E quando tudo é igual, vende mais quem vende mais barato. Associando isso a você: quando seu currículo não é único, você vira "commodity" e aí vai ser contratado aquele que tiver o menor salário.

É imprescindível que conheça tudo o que tem disponível, não só no Brasil, mas também no exterior. Lá fora existem caminhos bem abertos, grades mais livres. Por exemplo, um estudante de mestrado, na Universidade de Wisconsin, no norte dos Estados Unidos, deve selecionar algumas matérias obrigatórias, mas também pode eleger disciplinas optativas, que são a maioria dos créditos necessários, com ampla liberdade. Um estudante de Administração pode seguir, por exemplo, uma matéria de Relações Públicas, outra de Música, outra de Artes, Fotografia e até de Parapsicologia, para compor o currículo. Desse modo, você entende o pressuposto da educação, que é oferecer amplitude de conhecimento e de experiências para o aluno.

Continuando, vamos para as metas profissionais. Elas estão ligadas à sua carreira. A questão é: aonde você quer chegar e aonde seu currículo pode levar você? No meu caso, eu sabia que meu currículo não me levaria a trabalhar em uma empresa multinacional, porque o pessoal do RH não tem nem como avaliá-lo, uma vez que a premissa básica para a maioria das funções é formação universitária completa. Logo, dirigi minha carreira para empresas menores, onde poderia mostrar meus dons, meus talentos e minha inteligência.

Não quero ser presunçoso e dizer que sou mais inteligente do que outros. Estou apenas usando o conceito de inteligências múltiplas do autor Howard Gardner, da Universidade

Harvard, que as define como decisões que você vai precisar tomar ao longo da carreira. São decisões como estas: trabalhar em uma empresa multinacional ou em uma pequena ou média empresa? Ser um profissional liberal, até mesmo um profissional autônomo, ou abrir o próprio negócio?

E se você não tomar essa decisão? Vai correr o risco de se ver numa carreira da qual não gosta, ou pior, numa carreira que em poucos anos vai desaparecer, como a datilografia. Então, considere, no processo de construir suas metas, a longevidade da carreira com relação ao cumprimento das suas metas, principalmente do próximo conjunto de metas.

Quanto às metas financeiras, como Bill gostava de dizer, "Agora é a hora da diversão". É hora de planejar em que casa vai morar, que carro vai dirigir, quanto vai ganhar e quanto vai poupar. É hora de planejar onde vai passar as férias e, mais do que isso, onde vai passar o resto da vida.

Sua primeira meta, aqui, deveria ser ganhar o suficiente para viver a vida que tem agora. Um erro que você não pode cometer é querer ganhar o suficiente para viver a vida que seu irmão, seu amigo ou seu chefe vive. Ou pior ainda: a vida que o cara da novela vive, porque isso não é razoável, cada um de nós tem de correr a própria corrida. Nesse ponto, o seu grande risco é se meter em dívidas por querer viver uma vida que não é a sua. A grande sacada é imaginar como será sua vida, mas imaginar de maneira emocional, com o lado direito do seu cérebro, enquanto planeja racionalmente, com o lado esquerdo. Tem hora para deixar a imaginação tomar conta, e tem hora para deixar o lado racional comandar.

Às vezes você pode atrasar o planejamento em anos, por causa de uma estupidez. Sabe como sei disso? Porque cometi esse erro. Em determinado ponto da minha vida, eu deveria comprar um carro pequeno e econômico, para as minhas atividades profissionais, que ocupariam 90% do uso do veículo. No entanto, resolvi comprar um carro grande e "gastão", com a desculpa de que ia atender, além das minhas atividades profissionais, minha família também. Levei tempo para descobrir que, na verdade, eu queria impressionar os amigos. Resultado: tive de vender o carro com um prejuízo enorme, e atrasei em um ano as metas que havia estabelecido.

Nesse conjunto de metas você vai colocar todas as coisas materiais, por isso chamamos de "a hora da diversão".

Vamos imaginar que seja um profissional liberal ou esteja iniciando o seu negócio. Sua primeira meta deveria ser, diante dessa nova realidade, atingir o mesmo rendimento que tinha em seu último emprego, ou o mínimo necessário para fazer frente à situação atual. Digamos que você iniciou um novo negócio e que ele tenha um potencial de lucro de, digamos, 20 mil reais por mês, e que, em seu último emprego, você ganhava 3 mil reais. Seu primeiro passo, em seu novo negócio, é ganhar 3 mil reais por mês e, quando isso acontecer, deve consolidar esse ganho por uns três ou seis meses, dependendo dos seus negócios, antes de aumentar os seus gastos.

Sua meta seguinte poderia ser levar seu negócio para um nível de faturamento de 50 mil reais. Entretanto, antes de chegar a esse patamar, o governo o considera "café com leite", ainda não o trata como empresário de verdade. É como se o governo tivesse um radar, que só o detectará depois que o seu faturamento superar esse valor. Então, essa é uma boa meta: ser reconhecido pelo governo como um negócio de verdade, que paga todos os impostos, obrigações trabalhistas e tudo mais que faz do dono de um negócio, no Brasil, um herói. Faça o necessário para atingir suas metas de maneira íntegra e correta.

Quem sabe se, ao chegar a esse ponto, possa se dar um aumento? Contudo, precisa aprender a verificar se o fluxo de caixa está positivo ou não. Não confunda faturamento com lucro. Preste atenção! O dinheiro que está na conta pertence à sua empresa, e não a você. Só o que você pode tirar de lá é o seu salário que, tecnicamente, nesse caso, é chamado de pró-labore. E vá buscar sua próxima meta, que poderia ser levar seu negócio para um novo nível de crescimento, de modo que chegue a um faturamento de 1 milhão de reais por ano. Nesse ponto, quem sabe, poderá se conceder um novo aumento, permitir-se um novo tipo de férias, um novo modelo de carro ou até mesmo uma nova casa. Entretanto, cuidado! Muita gente vai achar que você está ganhando 1 milhão de reais por ano, mas não faturando isso por ano. Confundir faturamento com lucro pode ser um erro fatal.

Subindo na pirâmide de Maslow, iríamos agora para a associação. Esse tema é tão importante que vou dedicar um capítulo inteiro a ele. Contudo, vamos estabelecer as metas ligadas a nossa família, amigos e colegas. À medida que subimos na pirâmide de Maslow, damos cada vez mais importância para as coisas mais relevantes.

Bill ensinou que o dinheiro só é importante para quem não o tem, por isso precisamos cumprir primeiro as metas econômicas. É muito difícil manter um relacionamento saudável quando não temos o suficiente para comprar o pão e o leite. É difícil manter amizades saudáveis quando estamos com problemas para pagar o aluguel e as coisas mais básicas como água e luz. É difícil manter as coisas em ordem quando cobradores nos ligam dia e noite. Por isso o dinheiro é importante para quem não o tem, mas ele ganha novo significado quando você o conquista. Pelo menos deveria ganhar.

Se não é pela sua família que você luta, por quem mais lutaria? Então, o fruto da vitória que sua família colhe aqui é o tempo. É claro que família e amigos também se divertem com as suas conquistas, mas o que eles mais querem de você é o seu tempo. Não espere atingir cada conquista econômica para depois dar tempo àqueles que ama. Faça isso concomitantemente. Separe um tempo de qualidade durante esse período e aumente à medida que alcançar suas vitórias.

De maneira prática, se na primeira fase subir um degrau da pirâmide, resolvendo a questão da segurança, a segunda fase é cumprida quando você conquista o tempo. Que tal separar um tempo exclusivo para o seu cônjuge durante a escalada econômica? Às vezes, você tem o suficiente em tempo e dinheiro para passear de mãos dadas pela praia ou pela praça. Faça isso. No próximo ponto da viagem, talvez vocês tenham tempo para uma praia no exterior e uma praça romântica em outro país ou estado. Faça isso só para o cônjuge, só para vocês dois.

Para seus filhos, gaste um tempo com cada um deles; ainda que sejam quadrigêmeos, nasceu um de cada vez e isso significa que eles precisam de atenção individual, de cuidado, reconhecimento e amor únicos. Muitas vezes, por causa do tempo, queremos dar atenção para nossa família no atacado. Eles percebem e sentem falta do reconhecimento de suas identidades.

O mesmo ocorre com nossos amigos. Lembro-me de uma música que falava de querer ter um milhão de amigos. Não acredito nisso. Acredito em doze amigos, e, desses doze, você vai gastar mais tempo com apenas três. E doze amigos já é uma meta fenomenal! Vamos chamar de amigos aquelas pessoas com quem gaste um tempo equivalente ao que gasta com sua família. Vamos chamar de amigos pessoas que lhe tragam valor e para quem você traga valor. Não são amigos os companheiros de prazer, os companheiros da alegria sem propósito.

No topo da pirâmide estão nossas metas espirituais, emocionais e físicas. Metas físicas são as metas ligadas ao corpo, como peso adequado, boa forma, boas condições físicas para construir sonhos e usufruir as conquistas. Você não pode chegar à velhice sem força para carregar o próprio corpo. Se chegar à velhice andando vagarosamente, curvado, tem 98% de chances de que isso seja reflexo da falta de fortalecimento e alongamento dos músculos. Simples assim.

O peso é outro termômetro. No momento em que escrevo este livro, estou de 2 a 3 quilos acima do meu peso. Pode não parecer muito, mas imagine que minha mulher me peça para eu carregar uma sacola de compras de 3 quilos; eu consigo carregar, mas vou reclamar. Agora se eu tenho de carregar uma sacola com 10, 20 ou 30 quilos, aí iria reclamar de verdade. Quando vejo pessoas que estão 10, 20 ou 30 quilos acima do peso, quem reclama é o corpo. Imagine, então, o sistema renal, o sistema muscular, e até o coração, tendo que funcionar 50% acima do limite, todos os dias. Um dia o corpo para e reclama. Perceba que você precisa do seu corpo para cumprir suas metas e realizar seus sonhos.

As metas emocionais dariam, sozinhas, um capítulo inteiro, mas vamos à versão resumida. Imagine que você tenha uma conta bancária emocional na qual todas as coisas positivas que acontecem são um depósito e todas as coisas negativas são uma retirada. Para você ter sucesso e ser feliz, o saldo em sua conta bancária emocional precisa ser positivo. Então, você precisa conscientemente adicionar o positivo e bloquear o negativo, todos os dias.

E como você faz isso? Use as cinco chaves da verdadeira riqueza diariamente, no que vimos até aqui, e sonhe todos os dias.

Bloqueie a entrada do negativo, seja na forma de notícias veiculadas pela TV ou pela internet, seja se afastando de amigos ou familiares que não lhe fazem bem, a menos que um deles seja seu cônjuge, seu pai ou seu filho — nesse caso use as cinco chaves para transformá-lo.

Você está em uma missão. Para alcançá-la, o saldo de sua conta bancária emocional precisa estar positivo. Apenas com palavras não consigo enfatizar quanto isso é importante, então vou dar um exemplo. Eu ainda cuido disso todos os dias, desde aquele final de semana de 1994. O período de crise que vivi aconteceu porque relaxei, achando que já havia chegado lá e que poderia lidar com o negativo da TV, da internet e dos amigos. No meu caso, enquanto não lidei com isso, não pude, na nossa metáfora, voltar para o oásis.

Quanto às metas espirituais, não sei se você acredita em Deus. Nem importa, porque não é o tema do livro. Eu não acreditava em nada, quando conheci Bill. Ao mesmo tempo, ele também não estava ligado a nenhuma igreja, assim como eu até hoje. Deus, pessoalmente, não fundou nenhuma das bandeiras de igrejas atuais. Quando falo, aqui, de Deus, falo de um relacionamento espiritual com algo que você acredite ser maior que nossa humanidade, que pode chamar de Deus, Pai, Pai Celestial, Criador do Universo, Todo-Poderoso, entre outros nomes. Eu prefiro chamar de Deus. Aqui no livro vou chamar, como Adam Smith, de a *mão invisível*.

No entanto, quero falar de um jeito prático, como aprendi com Bill a realizar meus sonhos por meio do relacionamento com o Todo-Poderoso — o do céu mesmo e não o Morgan Freeman do filme. Imagine que você está no ponto A e que, depois de estabelecidas as suas metas, quer chegar ao ponto B. Você pode fazer isso sozinho ou pode usar o departamento de recursos milagrosos, ou ainda o presidente dos projetos impossíveis.

Deixe-me dar dois exemplos. O primeiro deles é o Google. Vi essa empresa nascer, vi quando as ações em Bolsa começaram a valorizar e, naquele momento, fiz uma pergunta que ninguém conseguia responder: "Como o Google ganha dinheiro?". Ninguém tinha uma resposta.

Você sabia que o que faria do Google a maior empresa do mundo em seu segmento só foi inventado anos depois da fundação da empresa, e ainda por cima por um concorrente? É isso mesmo. O link patrocinado, maior fonte de renda do Google, só foi inventado muitos anos depois da sua fundação.

Do ponto de vista prático, era impossível ao Google chegar do ponto A ao ponto B sem um milagre. No mundo empresarial dão outro nome para isso, mas eu ainda chamo de milagre e explico por quê. Quando decidimos levar a Universidade do Inglês para a internet, nada funcionava na rede brasileira. A banda larga não existia, o que tornava praticamente impossível ensinar alguém a falar inglês on-line. Então, usamos a fé da fórmula do sucesso. Entretanto, tínhamos de divulgar isso para o mercado, e não dava para usar faixas de rua na internet. O link patrocinado, do mesmo jeito que abriu as portas para que o Google se tornasse a maior empresa do mundo em seu segmento, o fez também para a Universidade do Inglês se tornar a maior escola de inglês pela internet do país.

Uma das características do Presidente dos Projetos Impossíveis é sua alta produtividade. Ele gosta muito de atender duas orações pelo preço de uma. Bill leu assim: "Buscai primeiro o Reino de Deus..." e isso quer dizer que a menor distância entre o ponto A e o B não é uma reta, mas um triângulo. Isso dá uma visão espiritual de todo o seu projeto. Porque, muitas vezes, em nossa vida, sabemos aonde queremos chegar, mas não temos a menor ideia do como fazê-lo. Frequentemente descobrimos da pior maneira que nenhum plano sobrevive ao campo de batalha. É nessa hora que precisamos fazer o que faz Lion, o gato dos Thundercats, quando diz: "Espada justiceira, dê-me uma visão além do alcance!". Quase sempre, entre o ponto A e o ponto B, temos montanhas que parecem intransponíveis. O sonho é a visão que produz a fé, que remove montanhas.

Figura 1. Adaptação da pirâmide de Maslow

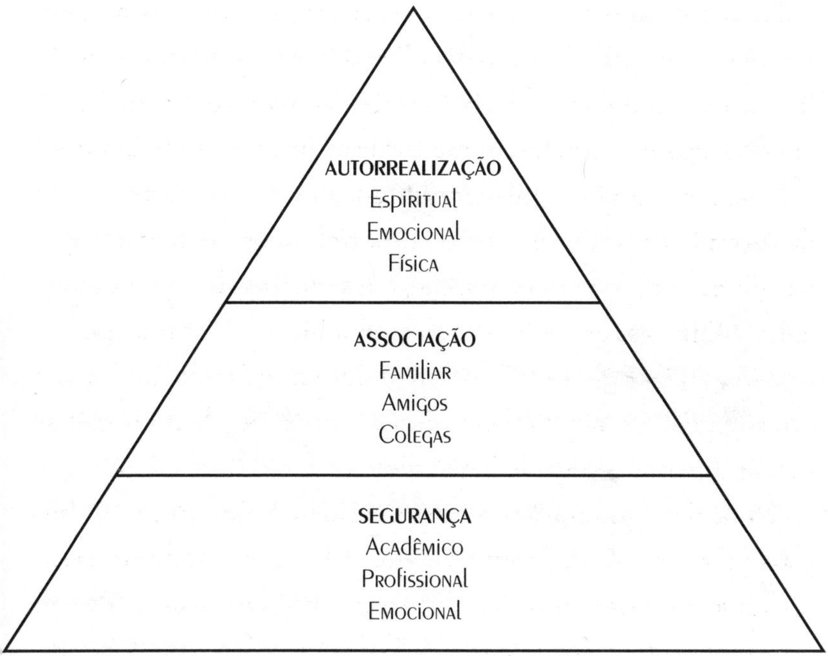

Fonte: Adaptado pelo autor a partir da pirâmide de Maslow

• • •

Quero terminar este capítulo contando a história de uma mulher sonhadora.

Dona Irene nasceu em uma época em que a mulher não tinha direito a voto. Pior, nasceu numa época em que mulher negra sequer tinha direito à vida. Mas ela era diferente. Ela ousou sonhar. Seu maior sonho era ser professora. O mais longe que chegou foi se formar na primeira turma do Mobral (o Mobral foi uma das primeiras iniciativas de ensino supletivo que o governo implantou, na década de 1970).

Ela conseguiu um diploma que hoje equivaleria ao ensino fundamental e o recebeu das mãos do governador do estado de São Paulo, deferência especial por ser a aluna mais velha da classe. Trabalhou na Secretaria de Estado da Educação, lavando banheiros. Foi o mais próximo que chegou de ser professora. Com o pequeno salário, fez de um filho o famoso maestro Erlon Chaves, e formou duas filhas professoras — uma delas é minha mãe.

Ela plantou na família essa semente de educação e na geração seguinte de sua família, mais de quinze pessoas trabalham com educação. Ela nos deixou aos 90 anos, legando uma herança de mais de 1 milhão de dólares. É, são dólares mesmo. Não foi 1 milhão de reais, foi 1 milhão de dólares mesmo!

No entanto, uma das coisas que Bill ensinou foi que muitas das sementes que plantar vão dar frutos quando você não estiver mais aqui. E da semente que ela plantou, fundamos o Instituto Irene Vieira, cuja missão é ajudar jovens estudantes de escolas públicas a falar inglês. Jovens que, assim como nós, jamais precisarão lavar banheiro. E, quem sabe no futuro, eles poderão deixar uma herança maior do que a que ela deixou.

• • •

Antes de irmos para o próximo capítulo, quero trazer um estudo que foi feito em uma universidade norte-americana. Os pesquisadores perguntaram aos alunos que estavam se formando em determinado ano quantos deles tinham metas claras, definidas e escritas. Resumindo a pesquisa, vamos dividir as respostas em dois grupos. Um dos grupos corresponde a 97% de alunos que não tinham metas claras, definidas e escritas, e o outro a 3%, que tinham metas de curto, médio e longo prazos, definidas e escritas.

Dez anos depois, verificou-se como esse grupo de formandos estava vivendo. Os 3% valiam mais, economicamente, do que os 97% somados. Isso diante daquilo que é passível de ser medido, porque tenho certeza de que esse grupo era o mais feliz e o mais autorrealizado. Essa pesquisa nos mostra que existem dois caminhos. Um deles é se juntar aos 97% sem sonhos e sem metas, e esperar ter sucesso. O outro é pegar papel e caneta e gastar um tempo de qualidade para escrever suas metas.

E uma última e valiosa dica: aja como nos seus sonhos.

• • •

José ainda não era líder de uma nação quando sonhou em ser um, mas, diante de cada desafio, de cada obstáculo ele já agia como líder. Como escravo, chamou a atenção de um comandante da época por sua postura de liderança. Depois, na prisão, destacou-se perante seus carcereiros agindo como líder. E quando surgiu a oportunidade de conduzir uma nação, ele estava pronto.

Portanto, aja como nos seus sonhos, aja como se mentalmente você já estivesse no ponto B.

Bill ensinou que primeiro o homem constrói o sonho e depois o sonho constrói o homem. Acredite, os seus melhores dias ainda estão à sua frente; o seu futuro não poderá ser comparado ao seu passado.

5

A BUSCA DO CONHECIMENTO

Conhecimento é algo que vale mais do que ouro, prata ou pedra preciosa.

(Inspirado em Provérbios, 3:13-14)

Para entender por que o conhecimento passou a ser o valor único e insubstituível dos dias de hoje, precisamos fazer uma viagem pela história.

Quando Bill falou que poderíamos, por meio do conhecimento que ele nos passaria, centuplicar nosso valor pessoal e, no caso de nossos negócios, fazê-los valer mil vezes mais, isso para mim soou mais como uma fantasia.

Ele nos explicou que tirou essa estratégia de crescimento do que foi dito a Moisés: "Que Deus os multiplique por mil e os abençoe".

Vamos ver como isso aconteceu na história da humanidade. No início da história, o ser humano caminhava como nômade pela terra. Para viver ele caçava, pescava e colhia o que nascia naturalmente e com as ferramentas do período, que eram o arco e a flecha. Por isso, os grupos ficavam por um tempo em determinada região, até que os recursos dali começassem a se esgotar.

Quando a sobrevivência ficava mais difícil e os produtos da fauna e da flora mais inacessíveis, mudavam-se até que se repetisse o esgotamento dos recursos na nova região. Esse ciclo prevaleceu até que um novo conhecimento nasceu, permitindo o começo da era agrícola.

Ao aprender a plantar, o homem se fixou, porque precisava esperar para colher o que havia plantado. Assim, os agricultores passaram a valer cem vezes mais que seus antecessores, os caçadores. A ferramenta que multiplicava o valor, nessa época, era o arado, mas é claro que havia outras ferramentas. Um novo ciclo foi inaugurado com a era industrial, milênios mais tarde. E o valor de cada pessoa mais uma vez foi multiplicado por cem.

Penso que há certo equívoco nos relatos sobre esse período histórico. Tive acesso a estudos que mostram que um operário da era industrial vivia melhor do que um rei do século XV. Não do ponto de vista do status, evidentemente, mas do ponto de vista do conforto e da riqueza material disponível e utilizada no dia a dia. O operário era muito, mas muito mais rico.

Vamos ver. O rei acordava, numa manhã do século XV, e não escovava os dentes porque ainda não existiam escovas de dente. Nem pasta de dente. Nem dentistas. Não havia serviço médico de exames, as cirurgias eram feitas por boticários ou, pior ainda, por curandeiros que usavam mais superstições do que conhecimento. A higiene e a saúde eram precárias, e dá para imaginar o sofrimento das pessoas nesse período histórico.

Em outro quesito, o transporte, dava-se outro problema. Se o rei quisesse andar 10 quilômetros que fosse, levaria horas, mesmo usando o melhor caminho que existia na época, e a melhor carruagem. Se quisesse ir para outro país, então, dependendo da distância, poderia levar meses.

Poderíamos continuar a lista, e cada item apenas comprovaria a tremenda vantagem de um operário da era industrial sobre um rei do século XV. Isso, porém, nunca é celebrado, porque as comparações necessárias não são feitas. Não se compara o operário da era industrial com o agricultor da era agrícola; o que se compara é o operário da era industrial com o empresário da era industrial. São coisas diferentes, porém, e, da mesma maneira como não se somam laranjas com bananas, as comparações sempre serão malfeitas. Contudo, uma coisa sobre a qual não há dúvida é que o crescimento foi cem vezes maior. A ferramenta de multiplicação da era industrial foi a máquina.

Agora estamos em plena era da informação. As coisas acontecem com grande velocidade. Da primeira era para a segunda, levamos milhares de anos; da segunda para a terceira, nem uma centena de anos; a era atual não completou nem trinta anos, de acordo com alguns estudiosos, ou nem vinte, segundo outros. Vivemos a transição, por isso o sofrimento é tão grande. Sobre o processo de adaptação, uns podem chamar de fim dos tempos, outros consideram que estamos nos aproximando da Terra Prometida. Eu pertenço ao segundo grupo.

Por isso, buscar conhecimento passa a ser vital. O mundo ficou muito mais justo e democrático. Muitos daqueles que lutam contra os moinhos de vento, por igualdade e justiça social, não percebem que já conseguiram o que queriam.

Há mil anos, para você ser o dono de uma grande riqueza, teria de ter muita terra. Há cem anos, para você ser o dono de uma enorme riqueza, precisaria ter muito capital. Hoje, para você ser dono de uma verdadeira riqueza, tudo o que precisa é ter conhecimento.

Eu não teria grandes chances de ter sucesso se tivesse nascido na era agrícola, porque até onde sei meus ancestrais nunca foram grandes proprietários de terra. Quando estive no Egito (o país de verdade), me pararam na rua e me disseram que meu tipo físico lembrava o de uma linhagem de faraós. Tenho certeza de que o rapaz estava brincando comigo, para dizer, de maneira gentil, que eu parecia uma múmia.

No entanto, nascer ainda dentro da era industrial, e ter a oportunidade de ver a mudança para a era do conhecimento, trouxe para a minha mão o controle da minha vida. Foi isso que Bill quis dizer com buscar o conhecimento, naquele fim de semana.

Mais uma vez não me entendam mal quando falo das universidades. É que elas foram construídas para atender a demanda de conhecimento em massa da era industrial. Essa demanda, atualmente, acabou. O conhecimento necessário, hoje, é mais individualizado, único, quase artesanal e, portanto, mais sofisticado. Sofisticado, não pelo grau de dificuldade em conquistá-lo e difundi-lo, mas porque traz detalhes ligados ao ser humano e que não podem mais ser determinados por instituições paquidérmicas que levam cinco anos só para aprovar uma mudança curricular, e mais cinco anos para ver essa mudança implantada em todo o país.

Recebi uma proposta para transformar a Universidade do Inglês em uma universidade nos moldes do Ministério da Educação (MEC). Do ponto de vista do status seria formidável, mas, do ponto de vista do resultado, num primeiro momento, o curso de inglês fluente em oito semanas acabaria, pois não poderia mais colocar toda a nossa energia em ensinar 2 mil palavras de vocabulário aos nossos alunos. Teria de ensinar também a história da literatura brasileira, a história da literatura inglesa, a história da educação, a psicologia da educação. E, assim, não sobraria quase tempo nenhum para o inglês.

Não pense que estou fazendo uma crítica ao modelo brasileiro de educação. Esse é um problema mundial e talvez a solução de curto ou médio prazo não exista para a grande massa de pessoas. Sobre isso, Bill disse mais uma coisa: fuja das massas.

O que tenho investido em minha educação, nos últimos anos, daria para comprar muitos carros zero quilômetro importados, ou até uma casa ou um apartamento de bom padrão. Não há nada com que eu gaste mais dinheiro em minha vida do que com a minha educação. E esse é o caminho que escolhi para os meus filhos.

Mais do que isso: participamos de um programa educacional chamado Metanoia, um programa revolucionário, liderado por Roberto Tranjan, para empresários construírem empresas únicas, tornando, assim, a concorrência irrelevante. Desse modo, investimos não só em nossos filhos, mas também na liderança de nossa empresa, porque realmente acreditamos na educação, acreditamos na busca do conhecimento.

Com a chegada do Marketing Digital ao Brasil, intensificamos nossa busca de conhecimento e intensificamos nossa educação. Tenho viajado de uma a duas vezes por ano, com mais frequência aos Estados Unidos, para fazer cursos na área de Marketing Digital, além dos cursos internacionais e on-line que faço daqui do Brasil. Também sigo cursos on-line ministrados por brasileiros. Quando falo de educação, sou um investidor pesado.

Deixe-me aproveitar o momento para salientar a diferença entre o estudante eterno e o eterno aprendiz.

O estudante eterno é aquele que nunca começa a trabalhar, nunca põe os projetos em prática. Ele sempre tem mais um curso para fazer, mais um livro para ler, mais um estudo. Essas pessoas estão submersas no mundo da teoria e é como se sentissem medo de colocar o conhecimento em prática. De algum modo, ganham para estudar, mas não vão além.

Já o eterno aprendiz é aquele que se joga e nunca para de aprender, e isso significa que ele absorve o conhecimento e o coloca em prática. Além disso, está sempre disposto a descobrir mais, se envolver mais, nunca deixa de estudar, mas, principalmente, nunca se deixa parar. Pois seus sonhos são sempre maiores.

Temos um acordo, em casa e na empresa. É o seguinte: se é verdade que conhecimento vale mais do que ouro, prata ou pedras preciosas, temos de trazer valor para nossa vida ou para a empresa ao final de cada curso. Deixe-me dar um exemplo que possa usar consigo mesmo ou com alguém da sua família. Digamos que terminou uma universidade. Depois de cinco anos, gastou 50 mil reais, considerando todos os investimentos.

Assim, poderíamos considerar que uma boa taxa de retorno seria receber os 50 mil reais de volta, de alguma maneira, de dois a cinco anos depois de formado. Seja por meio de salários, ou de um carro que já está pago. Com esse retorno, é hora de multiplicar o investimento. Aqui só não é aceitável investir esse dinheiro na formação e depois continuar estagnado, quase no mesmo ponto em que estava no início.

Então, na empresa e em casa, tomamos muito cuidado antes de decidir fazer cada curso. Por exemplo, fiz um excelente curso nos Estados Unidos, um dos melhores que presenciei. Entretanto, apesar de estarmos entre mais de 2 mil empresários norte-americanos, nossa empresa era a segunda maior do evento, perdendo apenas em tamanho e faturamento para a empresa que promovia o encontro.

Ao final, descobrimos que toda aquela maravilha não se aplicava a uma empresa do nosso porte. O curso foi caro e gastamos uma semana com parte da equipe nos Estados Unidos para nada.

Tenho uma máxima na empresa: eu não gosto de tomar bronca. Então tenho duas saídas. No próximo curso tenho de recuperar o investimento ou, quem sabe, fazer algo como uma parceria ou um novo negócio com alguns dos empresários norte-americanos que conheci no evento. Como Bill disse, a vida não é como um jogo de futebol que acaba quando o juiz apita o final. Na vida, o jogo só acaba quando a mão invisível disser que acabou.

Numa das empresas em que trabalhei, havia um quadro no qual estava escrito, em latim, sob um brasão com um leão: "A sorte persegue os fortes". Tenho de dizer que tenho muita sorte. Não que me considere tão forte assim, mas sou teimoso. Prefiro morrer a desistir. Também gosto de dizer que sou teimoso, mas não sou burro. Sou flexível, pronto para mudar a rota se encontrar uma direção melhor, mas nunca pronto para desistir do objetivo definido. Bill disse que assim estava escrito também: "Busque o conhecimento como quem busca um tesouro escondido".

Imagine que você recebesse uma informação de que no quintal ou no jardim da sua casa tem um tesouro enterrado de muitos milhões de dólares e só você poderia desenterrá-lo. Você trabalharia uma vez por semana, oito horas por dia, ou sem parar, interrompendo a busca somente quando fosse realmente necessário e a retomando assim que estivesse fisicamente restabelecido?

Bem, foi isso que fiz. Li tantos livros nessa busca, mas tantos livros, que acabei me deparando com o doutor Colin Rose, fundador da Accelerated Learning System, reconhecido como o pioneiro da Aprendizagem Acelerada. Era sobre ele o estudo da doutora Janeth Vos no livro *Revolucionando o aprendizado*. Era ele que havia ensinado um grupo a falar francês fluentemente em oito semanas, num curso auditado pelo governo da França. As palavras dos peritos, depois de auditar essa turma, foram: "Se eu não tivesse visto com os meus próprios olhos não acreditaria".

Todavia, a aprendizagem acelerada é mais do que uma nova e revolucionária maneira de se aprender uma nova língua. É uma nova maneira de adquirir conhecimento, porque, ao contrário da maioria dos métodos de ensino, seu paradigma central é o cérebro do aluno, e não a escola acadêmica a que pertence a metodologia.

Numa reunião pedagógica em que só estejam presentes especialistas em Aprendizagem Acelerada, será discutido o objetivo a ser alcançado e de que maneira será levado ao cérebro do aluno, que, em última estância, é o local onde se dá o verdadeiro aprendizado.

Em contrapartida, numa reunião pedagógica de uma escola normal, a reunião se dará em torno dos livros e dos métodos. Entretanto, reforço: o tema central de uma reunião de aprendizagem acelerada é o cérebro do aluno.

Determinada informação incide mais no hemisfério direito ou no esquerdo do cérebro? É uma informação mais emocional ou mais racional? Qual é o estilo individual do aluno? Ele é mais visual, mais auditivo ou mais sinestésico? Estamos montando esse programa com a matriz das inteligências múltiplas desenvolvidas pelo professor Howard Gardner, da Universidade Harvard?

Essa atitude é revolucionária, é explosiva. Fomos convidados a dar aula em uma faculdade de Medicina no estado de São Paulo. Reunimos toda a matéria de determinada disciplina ministrada em seis meses e a resumimos em quatro aulas. Uma aula para explicar o que era aprendizagem acelerada, e outras três para processar o conteúdo. Por meio da aprendizagem acelerada, os alunos ficaram boquiabertos quando em quatro aulas cobriram o conteúdo de seis meses. E ficaram especialmente surpresos quando tiraram notas bem mais altas.

Quando você busca o conhecimento, com esse tipo de ferramenta, tudo é multiplicado muitas e muitas e muitas vezes.

Se você nunca ouviu falar disso e quer incorporar esse tipo de conhecimento entre as suas habilidades, quero lhe dar um presente, um primeiro passo. Que tal conhecer o seu estilo individual de aprendizado? Vou presenteá-lo com um teste e um laudo, mostrando-lhe como usar o seu estilo para a aprendizagem. Esse teste, com o laudo, não sairia barato no Brasil. Na verdade é uma exclusividade nossa, mas para você vai ser um presente. O teste está disponível em nosso portal: www.universidadedoingles.com.br/testedeestilo.

A BUSCA VITAL

É muito importante que você saiba que está onde está na vida por causa de alguns fatores de que tratamos neste livro, mas duas coisas são vitais: o conhecimento que adquire e as pessoas com quem se associa. Sobre associação vamos falar no próximo capítulo, mas agora vamos tratar de como adquirir conhecimento.

1. Não se deixe pressionar sobre o tipo de formação que vai ter. Não se deixe pressionar nem por mim com este meu livro. Eventualmente, o que você precisa para realizar seus sonhos seja uma universidade ou mesmo um currículo comum. Nesse caso, mãos à obra. Minha sugestão, porém, é de que você faça uma análise de cenários, conversando com amigos, mentores e professores sobre como será o mundo amanhã. Cuidado com os loucos. Segundo algumas previsões, todo mundo teria um avião na garagem de casa na virada do século XX. Veja quanto tempo já se passou e não estamos nem perto disso. O mundo está mudando rapidamente, mas o ser humano é lento para mudar de hábitos. Considere isso no seu planejamento. Veja as tendências e esteja pronto para mudanças bruscas de rumo.
2. Diante desses cenários, quais cursos quer fazer? É melhor fazer cursos de longa duração ou de curta duração? Ou cursos livres, mas com qualidade comprovada e garantida? É melhor fazer cursos presenciais ou on-line? Como essa é a minha área, preciso desmistificar uma coisa: os cursos on-line têm tudo para oferecer qualidade superior aos presenciais, em mais de 90% dos casos. Exceto quando você quer fazer networking, aí nesse caso os cursos presenciais são superiores.
3. Leia, leia muito, leia a todo momento. Bill perguntou: "Sabe qual é a diferença entre uma pessoa analfabeta, que não sabe ler, e uma instruída que sabe, mas não lê? Nenhuma!". Isso é grave. Estudos mostram que 98% das

pessoas não leem nenhum livro depois que terminam a faculdade. Isso nos dá uma tremenda vantagem. Uma vez, estava em um curso, conversando com um russo, e ele disse algo impressionante, que, se a maioria das pessoas nunca leu mais do que um livro, se você quer ser um especialista, então leia dois. Claro que ele estava dando um exemplo exagerado, mas no fundo ele quis dizer que não estamos tão longe assim do nosso alvo. Falando ainda dos livros, existem quatro tipos de livro para você ler. Claro que estou falando da construção do seu currículo único, e não de livros para entretenimento. A primeira categoria é dos livros técnicos, que trazem valor para o seu crescimento profissional. Se está estudando Marketing, por exemplo, esses livros versam sobre Marketing, comunicação, estratégias, vendas e você pode também considerar alguns livros de história e psicologia, nessa categoria. Um segundo tipo são os livros emocionais ou motivacionais, e aqui se encaixam biografias, livros de autoajuda e até ficção de negócios ou romance de negócios e livros de liderança. No terceiro tipo se encaixam os livros inspiracionais, normalmente obras que falam de coisas espirituais, em geral escritos por líderes espirituais. Entre esses livros está, é claro, a Bíblia Sagrada. E um último tipo é um livro de negócios que não tenha nada a ver com a sua área. Se você é de Marketing, continuando com o exemplo, que tal um livro de Arte ou Filosofia, ou ainda de Administração? Enfim, livros que façam pensar fora da caixa.

4. Um caminho para buscar conhecimento, não muito divulgado no Brasil, mas que é gigante nos Estados Unidos, são os áudios de treinamento. Por motivos óbvios, credito grande parte do meu sucesso a essa grande sacada do Bill, que ele chama "universidade de bolso". Você estuda onde estiver, na hora que quiser. Em qualquer livraria dos Estados Unidos pode comprar áudios dos seus autores favoritos, ou de pessoas que não têm nada a ver com o grande público, mas que têm um conhecimento específico que pode lhe interessar muito. Não entendo por que as aulas não são gravadas e disponibilizadas para que os alunos estudem quando precisarem. Devo dizer que esse é um dos meus segredos. Nos últimos vinte anos, tenho ouvido áudios de treinamento. Antes, precisava ir para os Estados Unidos comprá-los. Hoje, graças à internet, temos um número infindável de áudios que podemos adquirir on-line. Meu sonho é que, um dia, toda uma categoria de áudios esteja disponível no Brasil. Assumi, para minha vida, uma máxima do Bill que é a seguinte: "parado lendo, andando ouvindo". Nos últimos vinte anos, todas as vezes que entro no meu carro, antes mesmo de dar a partida, conecto meu celular ao sistema de som do veículo e ouço um treinamento. Já fiquei preso em congestionamentos por horas e, em vez de ficar estressado, passei horas em agradável e útil treinamento. Se vou correr, como faço duas ou três vezes por semana, levo meu celular, ouvindo um áudio de treinamento. Mesmo nas duas vezes que corri a São Silvestre, fiz o percurso em

aproximadamente uma hora e meia. E foi uma hora e meia de treinamento, cada uma das vezes que corri.

Às vezes as pessoas me acusam de ser inteligente. Uma chegou a me ofender, chamando-me de gênio. Entretanto, eu sei quanto tenho buscado conhecimento nas últimas duas décadas. Claro que somos uma das únicas escolas de inglês do mundo que têm como prática fazer com que nossos alunos ouçam áudios de treinamento três vezes por dia. São áudios curtos, de cerca de quinze minutos cada um. Ao final do dia, somados, são 45 minutos por dia falando inglês. Se arredondarmos, quase uma hora por dia transformando um tempo improdutivo, perdido no trânsito, na fila de um banco ou mesmo em uma noite de insônia, num tempo produtivo usado para se apropriar de mais uma habilidade.

Digamos que você é meu amigo e que a última vez que nos vimos foi em novembro de 1994. Se me encontrasse hoje, possivelmente não me reconheceria. Não digo fisicamente, porque muita gente que me encontra diz que não mudei nada — essa é uma das vantagens de ser negro, porque você leva uns 130 anos para ficar velho. Também não é por causa da empresa que ajudei a fundar, porque afinal eu não a levo para cima e para baixo. Mas você perceberia que o conhecimento que conquistei nesse tempo me deu uma nova visão de mundo, e isso me tornou um sonhador ainda maior. É isso que você vai perceber. Que me tornei um fanático pelo ser humano. No passado, estava vivendo no Egito. Consegui me libertar, passei à frente, além do que as pessoas acreditavam que poderia. Agora, assim como Bill passou pela minha vida, preciso passar pela vida de outras pessoas.

No entanto, o meu maior legado seria invisível para você, minha maior obra é ter ajudado nestes quase vinte anos em torno de 35 mil alunos a falar inglês. Além de terem algo para colocar no currículo, eles adquiriram algo que vale mais do que ouro, prata ou pedras preciosas. Essa nova habilidade abriu a porta para que buscassem a informação e o conhecimento exclusivos que estão acessíveis a todos que falam inglês. Um contingente que, infelizmente, no Brasil, significa menos de 5% da população.

Contudo, eu acredito que, se eu posso falar inglês, qualquer um pode falar!

6

ASSOCIAÇÃO

***D**iga-me com quem você anda e direi quem você é. Quem anda com o sábio torna-se sábio, mas quem anda com o insensato verá sua vida ir por água abaixo.*

(Provérbios, 13:20)

Bill ensinou que as migalhas que caem da mesa de um vencedor são melhores do que um banquete completo com um perdedor. Aprendi então duas coisas com um amigo, de quem vou falar mais à frente: se você é a pessoa mais esperta da sala, está na sala errada. A segunda, porém, é demais: você é a média das cinco pessoas com quem mais anda, 20% para mais ou 20% para menos, a média em renda, a média em peso, a média em viagens, a média em estilo de vida. Uau! Essa me acertou em cheio. Eu não tinha a menor ideia sobre isso, mas precisamos ter muito cuidado com as pessoas com quem escolhemos andar.

Quem são as cinco pessoas com quem você mais anda?

Pense comigo: quanto vale a passagem de Bill pela minha vida, quanto vale a minha associação com ele, ainda que tenha sido apenas num fim de semana de ensinamentos e depois pelos áudios que foram gerados e que segui ouvindo por anos?

Até hoje tenho arrepios só de pensar que poderia não ter participado daquele fim de semana. Afinal, tinha todas as razões para isso. Estava sem dinheiro, cheio de dívidas, não falava inglês e, ainda por cima, ia assistir a um cara falar sobre como ter sucesso no mundo dos negócios. Na época, deveria ter procurado um seminário sobre como pagar as dívidas. Felizmente, porém, eu fui.

Naquele fim de semana, Bill ensinou uma palavra muito forte que a maioria dos presentes não estava preparada para ouvir. Ele falou do poder do "*become one*" com outra pessoa. Isso queria dizer pensar igual, não ter divisão, estar sob a mesma missão que outra pessoa. Ele explicou como a mulher e o marido devem se tornar uma só pessoa, os dois juntos, sob a mesma missão.

Casais independentes jamais se tornam um. Eles têm duas vidas, dois projetos, duas contas bancárias — e aqui não estamos falando da conta bancária emocional; cada um tem o seu dinheiro e, com isso, não chegam nem perto do poder de um casal unido. Um casal, em que um dos cônjuges ganha 2.500 reais e o outro ganha 1.500 reais, e tem uma conta só para as duas rendas, pode fazer muito mais do que um casal em que cada um dos cônjuges ganha 2.500 reais e têm contas separadas. Um casal com um só propósito, com uma só vida, com uma só conta, é um casal poderoso. Um dos conselhos mais sábios que ouvi de um líder espiritual foi este: casem os seus dinheiros.

Na vida profissional, você precisa se tornar um com o seu mentor. Muitas vezes, isso é difícil. Por duas razões. A primeira é o ruído na comunicação, que o leva a simplesmente não entender o que o seu mentor está falando, ainda que a mensagem seja simples e clara. A razão é que sua visão está tão distorcida pelos problemas e pelo sofrimento que você não consegue reagir, quanto mais proagir. Nesse ponto, é necessária uma confiança quase cega em seu mentor. É o que literalmente significa se tornar um.

A segunda razão são as resistências interiores. É especialmente difícil para um homem se tornar um com outro homem, e quase impossível que ele o faça com uma mulher que seja sua líder, especialmente em países latinos, onde o machismo ainda é muito forte. Contudo, a transferência de poder só acontece quando líder e liderado se tornam um.

É importante ressaltar que, em se tratando de equipes, nem sempre o melhor time vence, mas sim o time mais unido.

Naquele fim de semana, Bill insistiu muito no fato de que, quando verdadeira e voluntariamente você se torna um com seu mentor, é aí que nasce um gigantesco poder. Vamos colocar isso de maneira prática. Éramos aproximadamente quinhentas pessoas no evento. Cerca de 30% saíram reclamando na hora, especialmente as mulheres, porque odiaram o conceito de se tornarem um.

Cerca de cinco meses depois do treinamento, mais ou menos em abril de 1995, todos os participantes receberam os áudios editados. Aposto que nem 10% das pessoas presentes ouviram as gravações. De minha parte, tomei a decisão de fazer exatamente o que Bill havia recomendado no fim de semana: resolvi me tornar um com Bill e fazer tudo o que ele mandou, tudo o que era ensinado naqueles áudios.

O curso apresentara tantas novas informações que eu não conseguia me lembrar de tudo, por isso os áudios foram — e ainda são — fundamentais para promover essa completa quebra de paradigmas. Talvez eu tenha sido um dos poucos, entre os quinhentos, que alcançaram sucesso por seguir exatamente o que Bill havia ensinado.

Observe a sequência rápida do cronograma de acontecimentos. Em abril de 1995 chegaram os áudios; em abril de 1996 eu já estava trabalhando com os cursos de leitura dinâmica e memorização; em abril de 1997, iniciava a Universidade do Inglês no Brasil e em abril de 1998 assinava contrato com o doutor Colin Rose, criador do Accelerated Learning System em Londres, na Inglaterra.

Como disse um amigo, o sucesso leva muito tempo para acontecer de repente.

Vou dar mais dois exemplos. Um deles é muito recente. Nos últimos vinte anos, tenho compartilhado, em centenas de palestras, o que Bill ensinou naquele fim de semana. Já falei para milhares de pessoas sobre as cinco chaves da verdadeira riqueza. O maior grupo para quem falei talvez tivesse trezentas pessoas, se tanto. Muitas vezes me dirigi a grupos pequenos, de quinze pessoas. Somando, foram milhares. Fiz muito disso no meu período de plantação. Vou falar mais detalhadamente sobre isso no próximo capítulo.

Então, fui convidado para palestrar no Fórmula de Lançamento, um evento para 750 pessoas. O número, por si só, já era assustador, mas o pior é que havia sido convidado por um dos meus mentores, Erico Rocha, um jovem de 35 anos responsável por uma verdadeira revolução no Marketing Digital brasileiro. A expectativa me deixou muito ansioso e nervoso.

Por essa época, conheci um "novo amigo de infância". Foi assim que ele me batizou e me adotou imediatamente, tornando-se meu mentor. Essa pessoa foi uma das responsáveis por muito do que aconteceu no Brasil, na área de palestras, nos últimos trinta anos. Alguém que merece destaque pela coragem e pelo empenho, levando esse segmento, transformando a vida das pessoas e revelando segredos inestimáveis. Participei do programa dele, chamado "O segredo dos palestrantes campeões". Estou falando de Roberto Shinyashiki, um dos maiores palestrantes do Brasil.

Shinyashiki me ensinou a fazer uma palestra, usando o mesmo conteúdo que eu já ensinava havia anos, mas formatado de acordo com o método dele. Não concordei, a princípio, com a metodologia dele. Entretanto, como disse, sou obediente e fiz exatamente como mandou. Tornei-me *um* com ele, e, pela primeira vez na vida, fui aplaudido de pé. Tive de ser levado de volta ao palco, porque a audiência não parava de aplaudir. Eu já havia feito a mesma palestra para milhares de pessoas e isso nunca tinha acontecido. Então, a culpa só podia ser do Shinyashiki, que me emprestou os seus trinta anos de experiência. Minha única esperteza foi que, apesar de não concordar com ele, obedeci.

Depois de 35 mil alunos, na Universidade do Inglês, nestes quase vinte anos, posso dizer uma coisa: Sabe quais são os melhores alunos que temos? Não são aqueles que acreditam no método e que acham possível falar inglês em oito semanas, antes mesmo de começar o curso. Nossos melhores alunos são aqueles que, independentemente de acreditarem, tomam a decisão de que vão pagar para ver e fazer tudo o que o método mandar, até o fim. Os militares são particularmente alunos excelentes, porque estão acostumados à disciplina e a obedecer.

Depois disso, toda vez que Roberto Shinyashiki me chamou eu compareci, a menos que fosse impossível para mim. Além dele, Erico Rocha é responsável por acreditar que eu tinha o suficiente para compartilhar as histórias do Bill com você, sobre as cinco chaves da verdadeira riqueza. E também toda vez que me chamava, eu estava disponível.

Jamais deixei de atender também a um chamado do José Perez, onde quer que ele estivesse, porque tenho muito a aprender com um empresário responsável pela área internacional de uma das maiores empresas do seu segmento.

Algo muito difícil é encontrar um mentor que esteja disposto a gastar tempo e energia com você, pronto a compartilhar sabedoria e experiência. Então, quando encontrá-lo, deve evitar duas coisas. A primeira é desperdiçar o tempo dele. A segunda é fazer, propositalmente, o contrário do que ele o orientou. Se já encontrou um mentor, ele é um amigo mais chegado que um irmão. Proteja-o, seja leal a ele, gaste tempo com ele, mas, acima de tudo, respeite o seu tempo.

Existe um segundo tipo de mentor com quem você se associa. São autores com os quais, mesmo sem conhecer pessoalmente, você se identifica, por várias razões. A principal delas é que, por meio deles, você chega mais rapidamente ao seu destino. Eles fazem seus sonhos se tornarem realidade muito mais depressa. Eles estão mencionados em vários pontos deste livro. Muitas vezes são as palavras deles que você vê escritas aqui. Algumas são citadas de propósito. Outras, eu talvez até pense que são minhas, tão incorporadas estão ao meu jeito de pensar.

Tenho conhecimentos que me foram ensinados e às vezes nem lembro bem quem me ensinou. Aqui estão presentes Peter Drucker, Stephen Covey, Tony Robbins, Robert Kiyosaki e Mike Murdock. Tenho uma gratidão especial a esses autores, pois os considero meus mentores não só porque estudei seus livros, mas a vida de cada um, sei do que gostam, de seus interesses e ideais. Eu os estudei para me aproximar mais de seus pensamentos e de suas visões para o mundo.

Agradeço a outros que conheci pessoalmente, como o doutor Colin Rose, Joel Osteen, Francisco Alberto Madia de Souza e Roberto Tranjan. Faço todos esses agradecimentos aqui, e não nas páginas iniciais do livro, para que você saiba que essas não são apenas pessoas que me ajudaram; são pessoas que escolhi seguir, e alguns deles tenho o privilégio de chamar de amigos. Faço esse agradecimento aqui para que, quem sabe, você se inspire nessas pessoas e decida encontrar seus mentores, aqueles que encurtam o seu caminho, aqueles que lhe mostrarão a estrada.

Algo que Bill ensinou é que o melhor mentor que você pode ter é aquele que ganha quando você ganha e que perde quando você perde. Porque esse não está apenas interessado no seu crescimento e no seu sucesso. Mais do que isso, ele está comprometido com você. E, como diz a propaganda, isso não tem preço.

Deixe-me contar um segredo. Bill disse, naquele fim de semana, que estava compartilhando algo que valia milhões de dólares e o fazia porque estava na fase de retribuição, de devolver ao mundo um pouco do que havia recebido. Essa era a missão dele. Bill disse que a nossa decisão não mudaria nada na vida dele, mas que ele acreditava verdadeiramente no Brasil, que era um país destinado à grandeza. Disse ainda que nós não havíamos entendido 5% do que ele ensinou naquele fim de semana, e que sabia ser impossível para um ser humano fazer mais do que isso. Afirmou que, quando os áudios chegassem, nos pareceria que estávamos ouvindo algumas coisas pela primeira vez.

No entanto, não me saía da cabeça que aquele fim de semana valia milhões e eu estava no negativo. Foi quando tomei a decisão que mudou minha vida: "Vou pensar como ele pensa". Passei a tentar imitar o Bill, falar como ele falava, andar como ele andava, e até tentei pensar como ele pensava. Estudei tanto o Bill, ouvindo-o naqueles áudios tantas vezes, que, se um dia ele precisasse que alguém fizesse a Britt School no lugar dele, eu poderia fazer. Foi aí que as coisas começaram a acontecer.

SEGUINDO O MESTRE

Vamos falar da outra parte da associação. Estamos no centro da pirâmide de Maslow e vamos considerar que a associação tem dois patamares. Falei do patamar superior da associação, agora vamos para o patamar inferior.

Se, por um lado, você tem pessoas a quem se associa para chegar lá, a contrapartida é que existem pessoas que vão se associar a você para que cheguem lá. Essas pessoas são muito importantes para a sua jornada. Quando alguém lhe confia o próprio futuro e o escolhe como mentor, é quase assustador. Você vai enfrentar o mesmo desafio que seus mentores enfrentaram. Simplesmente você não tem tempo, mas precisa dessas pessoas para crescer. São elas que o forçam a continuar estudando, a continuar crescendo, para que possa servi-las. Você fará, por elas, coisas que não faria para amigos mais chegados ou para familiares próximos. A razão por que isso acontece é que você é "responsável por tudo aquilo que cativa", como disse Saint-Exupéry.

A primeira vez que percebi que alguma coisa havia mudado, foi quando fui convidado para dar aula em um curso de férias num hotel em Atibaia, no interior de São Paulo. O hotel dava de presente para os hóspedes o curso de leitura dinâmica e memorização e eu fui enviado para ministrar o curso. Lembro-me de duas coisas dessa época. A primeira era que eu não tinha condições de pagar a diária daquele hotel, muito acima do meu orçamento. Aí pensei: "Um dia eu vou ter condições de vir aqui e me hospedar, não como convidado, de graça, mas pagando do meu próprio bolso". A segunda foi que o grupo para quem eu ia dar aula tinha condições de estar lá. Havia, por exemplo, um famoso médico da região de Jundiaí, também interior de São Paulo, e outro médico formado pela Universidade de São Paulo (USP). Entre outras pessoas desse quilate, eu me senti intimidado.

Entretanto, mesmo impressionado pela qualidade do grupo, concentrei-me em fazer o meu trabalho. Ao final de cada aula, eu estava esgotado pela minha tensão e pela entrega que fazia ao grupo, na intenção de impressioná-lo. Eu não o fazia por querer algo de volta. Queria impressioná-los porque uma das características positivas da associação é que você quer o respeito de quem respeita. E eu respeitava aquele grupo. Foi ali pelo terceiro dia que eu vi a mágica acontecer. Terminei a aula, mas não conseguia ir embora. Eles não deixavam. Estavam num hotel para descansar, com suas famílias, haviam passado duas horas estudando comigo e não me deixavam ir embora.

Educadamente, insisti para sair, e eles começaram a abrir caminho, mas me seguiram até o elevador. Até hoje me lembro de dizer ao grupo que ficassem tranquilos porque na manhã seguinte eu voltaria para mais uma aula, enquanto a porta do elevador se fechava.

Alguma coisa havia acontecido. Daquele ponto em diante, as pessoas escolhiam me seguir. E a partir desse dia eu nunca mais fiquei sozinho.

Eu ainda não tinha nada, a não ser meus sonhos, mas as pessoas queriam me seguir.

Um dia, estava dando aula na Universidade São Judas, uma grande universidade da capital paulista, quando um aluno resolveu me seguir. Ele disse que precisava falar comigo. Respondi que precisava voltar para a sede da escola e ele replicou que não havia problema, que ele iria comigo no meu carro.

Ele tinha me ouvido falar de metas de curto, médio e longo prazos, nas várias áreas da vida, metas espirituais, familiares e econômicas entre as outras metas das quais já falamos no capítulo dos sonhos, neste livro. Por alguma razão, para ele, eu já havia alcançado minhas metas. E, por alguma razão, achava que eu tinha uma Mercedes. Quando viu que eu tinha uma Elba velha, a essa altura pelo menos já com o espelho retrovisor consertado e com bancos reformados, pensou que eu estava louco — ele mesmo conta isso até hoje. Esse aluno escolheu seguir o meu sonho. Andamos juntos, na estrada, por alguns anos, e depois ele iniciou carreira solo na área de palestras. O nome dele: Rodrigo Cardoso, um dos mais famosos palestrantes do país.

Esse é o chamado da liderança. Se você aceitar esse chamado, precisa saber três coisas. Nada oferece uma recompensa tão grande, e você vai entender por que, no próximo capítulo, nada exige tanta responsabilidade, e nada traz tanta decepção. Quando aceitar o chamado da liderança, vai compreender verdadeiramente o significado da frase: "O maior entre vocês que sirva o menor".

Entenda que você não é o maior porque é melhor do que os outros. Você não é maior porque as pessoas voluntariamente escolheram segui-lo. Você é maior porque chegou primeiro, você é maior porque a mão invisível o colocou à frente desse sonho. Quando uma pessoa escolhe colocar em suas mãos o próprio futuro, a partir daí a sua responsabilidade cresce continuamente.

Você vai querer se desenvolver para estar sempre à altura da sua liderança. Isso significa que ninguém lê mais que você, que ninguém ouve mais áudios que você, que ninguém busca mais conhecimento do que você. Isso significa que ninguém sonha mais e com mais intensidade do que você. Não necessariamente o maior sonho, porque seus liderados podem ter sonhos maiores do que os seus.

Aqui vai outro segredo do Bill: você só pode ajudar seus liderados até onde já foi. Assim que o ultrapassarem em tamanho e em realizações, é hora de partirem em busca de outros líderes. Serão amigos para sempre, mas agora com outros líderes. É sua responsabilidade, entretanto, continuar crescendo, para criar um vácuo por onde seus liderados possam passar.

Existem quatro tipos de pessoas que vão passar por sua vida. Os ignorantes, os superficiais, os ocupados e, claro, os que darão frutos que vão até centuplicar o seu valor. Eles chegam de todos os lugares e de várias maneiras. Alguns vêm com uma bela estrutura, egressos das melhores universidades do país, outros vêm com seus estudos incompletos. Uns têm origem em famílias estruturadas, outros de famílias que parecem loucas. Uns vêm mais prontos, outros completamente despreparados. Isso acontece porque uns vêm do Egito, outros estão no deserto, outros estão no oásis, outros foram expulsos do oásis. Bill, porém, ensinou que nunca devemos julgar ninguém. Devemos, sim, ser inspetores de fruto. Se o fruto for bom, a árvore é boa, pronto e acabou. Ou, como ele gostava de dizer: *That's it. Period.* (É isso aí. Ponto final.)

Tenho tido a honra de ver passar pelo meu caminho pessoas que se tornaram alguns dos melhores profissionais do país em suas áreas, novas lideranças que têm emergido no país, gente que está melhor sob todos os aspectos. Não são perfeitos, mas estão muito melhor, do ponto de vista dos frutos que produziram, se somarmos as vidas que tocaram depois que se juntaram à nossa liderança.

Estamos falando de milhares de pessoas, no Brasil, e até no exterior. Pessoas que são hoje palestrantes, empresários, executivos e gerentes, à frente de grandes projetos, mas também líderes anônimos, não tão famosos quanto esses, mas que cuidam melhor de suas famílias, dos seus setores nas empresas, levando a vida para outro nível e atendendo também o chamado da liderança. Eu me sinto humilde e honrado por ter, de alguma maneira, contribuído para a descoberta desses gigantes.

Existe um aspecto da liderança para o qual você precisa estar preparado. São as decepções, os desapontamentos e as traições. Algumas pessoas vão chegar perto de você pelas quais vai se apaixonar, e lhes dará o seu melhor tempo. E, como somos humanos, daremos até mais tempo para essas pessoas do que para outras que até mereceriam mais. Em algum ponto da estrada elas vão abandoná-lo, vão decepcioná-lo e eventualmente até traí-lo. Em algum ponto da estrada, vão deixá-lo sozinho no deserto ou sairão do oásis. Isso será muito dolorido, porque nesses vinte anos eu nunca vi alguém trair os princípios, voltar-se contra o líder e ter sucesso no que quer que fosse.

Lembrar-me de algumas dessas pessoas me deixa triste até hoje. Não magoado, mas triste mesmo. Quando saí do oásis e vivi a minha crise, que chamo do "devendo mais de um milhão", de longe o que mais me fez refletir se queria voltar ou não foi pensar que poderia ser traído novamente.

Trago no meu corpo as marcas dessa época. Sempre haverá, porém, dois contrapesos para a sua decisão: de um lado os líderes que se tornaram águia, e cuja vida vale milhões e milhões, e que tocaram a vida de milhões e milhões de pessoas, e do outro lado estão as galinhas, que na verdade são águias que fizeram a escolha de viver no galinheiro, de viver no Egito ou morrer no deserto.

Bill ensinou algo a respeito da liderança, quando uma nova pessoa aparecer na sua vida: "jogue-a para o alto; se voar é águia e se cair é galinha". Construa sua liderança com as águias.

ATENDENDO AO CHAMADO

Bom, falamos da associação para cima (com seus mentores) e da associação para baixo (com seus liderados), mas quero falar de um novo tipo de associação.

Mastermind é uma aliança entre líderes de um mesmo setor ou segmento, ou até de segmentos diferentes, com o propósito de crescer. A força de um *mastermind* está na força do grupo. Bill tinha seus grupos, nos Estados Unidos, e ele não usava a nomenclatura *mastermind*, mas, com o surgimento do Marketing Digital, essa designação foi ganhando força, primeiro nos Estados Unidos e agora no Brasil.

Faço parte de um *mastermind* no Brasil, e uma das coisas que mais me impressiona é ver o crescimento desse grupo, tanto emocional quanto financeiramente. Estamos em contato todos os dias pelas redes sociais e outros canais de comunicação — viva a tecnologia! Nós nos encontramos três vezes por ano e passamos quase uma semana juntos. É surpreendente, nesses encontros, verificar quanto o grupo cresce em valor. E não estou falando em valores intangíveis. Nesse caso estou falando em valor financeiro mesmo. Minha grande contribuição para esse grupo é a expertise que ganhei em negócios, nestes vinte anos.

Segundo meus mentores, sou muito focado em negócios. Talvez por isso eu tenha notado que esse é um grupo que começou com, somando os faturamentos de todos os participantes, das mais diversas áreas de negócios, em torno de 15 milhões por ano. O valor saltou para mais de 100 milhões em pouco mais de um ano! Essa é a força de um *mastermind*.

Tenho visto pessoas fazendo um novo arranjo em seus negócios, fazendo uma nova aliança estratégica, indo de alguns milhares de faturamento por ano para literalmente milhões de faturamento quase do dia para a noite. Claro, não estamos falando de mágica. Estou falando de empreendedores e executivos que trabalham duro, muitas vezes mais de cem horas semanais, para verem implantado um novo projeto. Como gosto de dizer, nesse grupo: "Eu não disse que ia ser fácil; só disse que ia valer a pena".

Agora vou lhe dizer algo que gostaria que não fosse verdade, mas que Bill ensinou naquele fim de semana: na sua jornada você vai encontrar novos amigos e continuar com os mesmos parentes. Mais de 90% das pessoas que iniciaram a jornada comigo hoje não estão mais. Muitas delas ainda amo, e não uma ou duas vezes tentei sair do meu caminho para ajudá-las. No entanto, a vida é uma escolha individual e você não pode fazer a sua escolha pelos outros.

Cada um tem de tomar a sua pílula azul ou vermelha e você não pode enfiar a pílula goela abaixo de ninguém. Infelizmente, nisso Bill também estava certo. Entretanto, juntaram-se a mim novas pessoas que tenho tido a honra de ver pagarem o preço em seu dia a dia para centuplicarem seu valor. Tenho visto isso acontecer milagrosamente, vejo a semente ser plantada, vejo a árvore crescer e vejo-a dar frutos. Esses são meus heróis.

Falo da liderança da Universidade do Inglês e da liderança do Instituto Irene Vieira, e falo da liderança das outras empresas que estão nascendo dentro do nosso grupo. Tenho muito orgulho de vocês. Vocês são meus heróis.

Bill ensinou que não é fácil liderar líderes. Pangarés são fáceis de conduzir. Cavalos selvagens são difíceis, mas são esses que dão alegria. Galinhas são fáceis de conduzir, águias não, mas é triste ver uma galinha voar, o que não acontece ao vermos uma águia voar.

Antes de encerrar este capítulo, devo lembrar uma coisa que já mencionei no capítulo 3, e que Bill enfatizava. Ele dizia que líderes não pedem favores. Isso significa que nunca deve pedir que alguém faça por você algo que deveria fazer sozinho. Não estou falando de pegar um copo de café ou água. Estou falando que, nas grandes coisas da vida, você está lá por eles.

Um líder nunca vai pedir a um liderado que faça algo que ele deveria fazer, por exemplo comunicar uma nova estratégia ou uma notícia ruim para a equipe. Essas são prerrogativas do líder. Em contrapartida, um liderado não pede favores banais ou difíceis ao seu líder, como lhe transferir uma tarefa que está sob sua responsabilidade, ou pedir dinheiro emprestado. Encaixam-se nesse perfil as perguntas estúpidas como "Quanto você ganha?". Acerca de assuntos pessoais como esse, o bom senso é o melhor remédio. Nessas situações, sempre vai haver exceções, que devem ser tratadas como tal. Só se lembre da frase do Bill: "Líderes não pedem favores".

Depois disso tudo, uma última coisa: O mundo o está convocando para ser líder; você aceita o chamado?

7

PLANTAÇÃO

O homem colhe aquilo que ele planta.
(Inspirado em Gálatas 6)

Uma das leis mais impressionantes do universo é a lei da semente. Se imaginarmos que as sementes que existiam na Terra alimentavam milhões de pessoas, e hoje essas sementes se multiplicaram e alimentam bilhões e bilhões de pessoas, ficaremos impressionados.

O sistema financeiro ainda não conseguiu, com toda a sua sofisticação, superar o rendimento proporcionado pelo "sistema das sementes". Como a maioria da população atual é urbana (em muitos países os índices chegam a 70% da população nas cidades para 30% no campo), perdemos a relação prática com o plantar e o colher.

Contudo, há um tempo para preparar a terra, há um tempo para plantar e ainda um tempo para a colheita. São quatro os tempos para lidarmos com a semente: preparar, plantar, esperar e colher. Pela falta de experiência com a vida no campo, e pela correria da vida urbana, invertemos esses tempos e muitas vezes precipitamos as operações, contrariando o que a natureza sabiamente estipulou como período necessário. Criamos uma mentalidade de micro-ondas, ou seja, acreditamos que basta apertar um botão para, em alguns minutos, tudo estar pronto.

A lei da plantação age a favor das pessoas que trabalham no campo. O agricultor prepara a terra, planta a semente e espera enquanto a lei da plantação opera para trazer de volta o que ele plantou, aumentado centenas e centenas de vezes. Se não fosse essa lei, o homem morreria, porque não conseguiria tirar do solo o necessário para sobreviver. Não haveria vantagem em plantar, se o retorno não fosse muitas vezes superior ao volume plantado.

Vamos usar essa lei da plantação para que a colheita seja absolutamente desproporcional à semeadura. Fora de proporção, no sentido de ser absolutamente superior ao esforço empenhado. No entanto, antes, vamos tirar mais uma vez uma lição do campo. Peguemos como exemplo a alface e o café. Leva quinze dias para, depois de plantada a semente da alface, nascerem as mudas. Por sua vez, as mudas se transformam em alfaces, prontas para ser colhidas, em períodos que variam de 55 a 130 dias, dependendo da espécie.

Já o café demora quatro anos entre a plantação e a colheita. A alface é vendida por um preço baixo; o café já foi chamado de ouro negro. A alface precisa ser plantada a cada vez;

o café é cultura perene, e repete colheita, após colheita, após colheita, por pelo menos 25 anos. A lição que podemos tirar da alface e do café é que as coisas de maior valor levam mais tempo para serem colhidas.

Quando tinha 19 anos, li no livro *Universidade do sucesso* (Record) um texto que depois soube que era de Ralph Waldo Emerson, um pensador norte-americano do século XIX. O que ele escreveu ficou marcado no meu coração para sempre:

> Causa e efeito, meios e fins, semente e fruto, não podem ser separados, pois o efeito já está contido na causa, o fim existe de antemão nos meios, o fruto na semente. Se você serve a um patrão ingrato, sirva-o ao máximo. Ponha Deus em sua conta. Cada golpe será reembolsado. Quanto mais o pagamento ficar atrasado, melhor para você; juros compostos sobre juros compostos são a razão e uso desse erário.

Foi essa parte final que me pegou. Juros compostos sobre juros compostos era o que eu iria receber todas as vezes que fizesse um trabalho sem receber o pagamento adequado, ou que fizesse mais do que sou pago para fazer, não importando quais fossem as circunstâncias. Isso eu poderia fazer.

Em todos os lugares onde trabalhei, desde os 19 anos, coloquei isso em prática. E assumi um lema para minha vida profissional: fazer mais do que era pago para fazer. Com isso, dois fatos aconteceram na minha vida. Primeiro, fui acumulando muitas e muitas e muitas sementes para receber, e com juros compostos. E, depois, comecei a ser promovido em todos os lugares pelos quais passei.

Quando você faz o que é pago para fazer, a conta está encerrada, está tudo certo. O pior é quando você faz menos do que é pago para fazer, porque a lei da plantação agora funciona contra você. Nos dias de hoje temos um desafio. Está em vigor uma lei de Gerson que diz que o negócio é levar vantagem em tudo. Aí vemos milhões de pessoas, em todos os lugares, perdendo a oportunidade de plantar, fazendo menos do que são pagas para fazer e perdendo a maior oportunidade da vida, que é exatamente plantar.

Vou a empresas em que ninguém trabalha quando o dono não está presente, vejo servidores públicos que não trabalham e até impedem colegas de trabalhar, tudo porque não viram o que Emerson continuou dizendo, em seu ensaio: "o ladrão rouba a si mesmo, o trapaceiro trapaceia consigo mesmo".

Bill disse sobre isso: "Eu nunca vi um ladrão ser bem-sucedido, se você vai tentar, que seja o primeiro".

Há vinte anos tenho analisado as plantações e os frutos colhidos e tenho de concordar com Bill, jamais vi um ladrão ser bem-sucedido. Vemos empresários desonestos, executivos desonestos, políticos desonestos, funcionários desonestos. Todos fizeram más plantações e tiveram péssimas colheitas. Às vezes, olhando de longe, vemos só a situação financeira do ladrão e achamos que isso significa sucesso. Dinheiro, porém, é só um termômetro, um medidor da maneira como você atinge a vida de outras pessoas. E quem faz isso de modo desonesto acaba perdendo o grande valor que o trabalho traz.

Lembra-se de por que vamos ao deserto? Para lapidar nosso caráter, construir nossa fé e escrever nosso destino. Qualquer pessoa que tente pegar um atalho, para construir seu destino, não sabe que o castigo é um fruto que amadurece dentro da flor do prazer.

Na Bíblia está escrito algo assim (Gálatas 6:7): "Não se engane, porque o que você plantar, vai colher". Essa frase pode ser encarada de maneira positiva ou negativa. Aprendi com um de meus mentores que somente um fazendeiro maluco não planta em tempos de necessidade. Fui estudar o assunto e veja o que descobri. Digamos que um fazendeiro tem dívidas de 100 mil reais. Precisaria ser louco para fazer uma plantação que renderia colheita de 50 mil reais. Mas, verdade, além de gente morta, vejo também um monte de gente doida por aí, pessoas que precisam fazer gigantescas colheitas na vida, mas não saem da frente da televisão, tiram trinta dias de férias e não fazem absolutamente nada durante as noites e os fins de semana, a não ser frequentar bares e clubes. São fazendeiros malucos, que fazem plantações menores que suas necessidades.

Fiz outra descoberta, fantástica, estudando a vida de uma pessoa que não tem nada a ver com carreiras ou negócios. Fiz a descoberta estudando a vida de uma mulher chamada Dodie Osteen. Às vésperas do Natal de 1981, ela foi para um hospital imaginando que estava com hepatite, mas foi diagnosticada com metástase de câncer terminal no fígado. Deram-lhe seis semanas de vida e a mandaram para casa porque não havia muito que fazer do ponto de vista médico.

Segundo os especialistas que a atenderam, o tumor era do tamanho de uma laranja, e era incurável. Esse era o relatório médico, mas ela escolheu seguir outra lei — a lei da plantação. Em vez de se deitar e esperar a morte chegar, escolheu seguir a máxima de que líderes não pedem favores. E decidiu que, apesar de se sentir fraca, com pouco mais de 40 quilos, não ficaria deitada na cama. Continuou sua rotina de levantar cedo e cuidar dos afazeres da casa e da alimentação do marido. Depois disso fez uma plantação em sua mente, espalhando por toda a casa várias fotos da época em que tinha saúde perfeita.

Por semanas evitou olhar-se no espelho, e aí tomou uma decisão que fez toda a diferença na vida dela. Sabia que precisava fazer uma gigantesca colheita na área de saúde, então, sempre que podia, saía de casa para orar pela saúde de pessoas que precisavam. Veja aqui o grande ponto dessa situação: muitas vezes, as pessoas por quem ela ia orar precisavam menos de oração do que ela própria. Ela não era uma fazendeira maluca: não tinha nada a ver com o que as outras pessoas precisavam, mas tinha tudo a ver com o tamanho da colheita que ela precisava fazer.

As seis semanas fatídicas se passaram e ela começou a apresentar pequenas melhoras. Nas semanas seguintes as melhoras se acentuaram. Hoje, mais de trinta anos depois, ela representa um milagre reconhecido pela medicina norte-americana. Por uma dessas ironias do destino, ela foi ao funeral do médico que a diagnosticou com câncer terminal, em 1981.

Esse exemplo de pessoa ilustra a minha grande descoberta, que é a de que devemos plantar de acordo com as nossas necessidades. Portanto, o que precisamos é identificar nossas necessidades e plantar de acordo com elas.

Nessa metáfora da plantação, o melhor investimento é justamente investir em pessoas.

PERSISTIR, CONSISTENTEMENTE

Vamos a um exemplo prático de como investir em pessoas. Eu devia mais de 1 milhão de reais e queria sair dessa dívida e levar minha vida para outro nível. Então, precisava plantar o suficiente para colher um valor maior do que as minhas dívidas. E precisava plantar na área onde devia colher.

Então, decidi que ia ajudar as pessoas a crescerem profissionalmente. Passei a ajudar empresas e executivos, fazendo planos de Marketing e Negócios, de graça ou cobrando pouco. Fiz centenas de workshops gratuitos em escolas públicas e para a Secretaria de Educação do Estado de São Paulo.

Com certeza, eu precisava muito mais de ajuda do que eles. No entanto, não se tratava do que precisávamos, mas sim do que eu precisava colher e, em decorrência, do que eu precisava plantar. E tinha de ser uma plantação gigante.

Lembro-me de uma vez em que só tinha 10 reais, que gastei para pôr gasolina e ir fazer uma palestra numa escola pública que ficava no meio de uma comunidade. Lembro-me também de fazer uma palestra gratuita para um empresário que tinha faturamento de mais de 50 milhões de reais por ano. A maioria das pessoas acharia que eu era idiota, mas eu seguia firmemente o meu plano de plantação.

Há uma consideração essencial a fazer: a persistência de nada vale sem consistência. Uma pessoa em dieta, por exemplo, se não seguir a consistência das orientações médicas e das indicações nutricionais, não perderá um grama mesmo se persistir no regime pela vida inteira. Para um estudante de Economia, por exemplo, que jamais se forma porque não pesquisa o bastante a fim de ganhar consistência de conhecimento, não adianta que insista e persista, matriculando-se novamente a cada ano na faculdade. E, afinal, em outro exemplo, um funcionário que está na mesma empresa há trinta anos, mas que falta ao trabalho, que emenda pontes de feriado regularmente, que tira férias sem saber se o período é adequado para a empresa pode até ser considerado persistente, por causa do tempo de casa, mas certamente não tem consistência.

Foi pela persistência, com consistência, que nasceu a semente do Instituto Irene Vieira. Ela, você já sabe quem é. O instituto nasceu para ajudar jovens de escolas públicas da cidade de São Caetano do Sul (SP) e região a falar inglês. Eu não tinha como saber, mas foi esse projeto que nos colocou no jogo novamente. Quando lançamos nossa Universidade do Inglês na internet, o projeto do instituto foi vital para a nossa estratégia, pois a partir dele tomamos a iniciativa de formar nossos professores. Graças a essa "sorte", pudemos oferecer, como diferencial estratégico, professor particular para cada um dos nossos alunos. Foi isso que permitiu que nos transformássemos em uma escola "premium". E foi esse posicionamento que nos tornou a maior escola de inglês pela internet do Brasil.

Às vezes estamos tão doloridos que não conseguimos pensar em plantar. Nesse caso, anote uma dica importante: procure algo em sua vida pelo que seja grato; pense nisso e comece a plantar, levando em consideração aquilo que precisa colher. Ao entrarmos em labirintos de onde não conseguimos sair, presos que ficamos à dor, para encontrarmos a saída devemos fixar o pensamento em algo pelo qual somos agradecidos. Essa atitude nos tira do labirinto e permite que façamos a nossa plantação.

A maior objeção que encontro a esse processo de que falamos agora é que plantar é um processo de fé. Plantar é algo que exige que acreditemos sem ver; exige que acreditemos para ver. Plantar é o que vai lhe permitir multiplicar cada semente plantada por trinta, sessenta ou cem vezes. Plantar vai lhe permitir centuplicar o seu valor. E, se quiser que sua empresa seja multiplicada por mil, deverá ter de cinco a dez pessoas como você.

Contudo, imagine que seja o único na empresa com esse propósito. Você entende como vai parecer um estranho no contexto, com todos querendo fazer menos do que aquilo para o qual são pagos, e você querendo fazer sua plantação. Os outros vão achar que você é um idiota, e se trabalha em uma empresa comprometida com o Egito, onde impera o sistema de sofrimento e escravidão, os outros acharão que você é louco.

A maioria das pessoas não está pronta para isso, e aí elas se escondem, se acomodam e perdem o que poderia ser a maior conquista da vida delas.

COMPREENDENDO A ISO PESSOAL

Vamos recapitular. O maior investimento que você pode fazer é em pessoas. Lembre-se de que algumas sementes não darão frutos, porque há as pessoas ignorantes, as superficiais e as ocupadas.

Sabe o que é ISO?

Em inglês ISO é a sigla para International Standard Organization e se trata de um conjunto de normas definidas como parâmetros de qualidade das empresas, em vários aspectos. A empresa que atende com sucesso aos requisitos da ISO obtém uma certificação e esse diploma é utilizado como uma espécie de "carteira de bom empresário" para aqueles que se comportaram direitinho, como mandam as regras internacionais.

A empresa com certificação ISO tem mais respeito dos clientes, seus produtos são mais bem recebidos no mercado e até os funcionários ganham, porque é motivo de orgulho trabalhar numa empresa com esse reconhecimento.

Pois bem, quero lhe propor uma certificação ISO específica para comportamento, mas muito especial, porque funciona de modo inverso — você deve procurar fugir dela. O que vem a ser essa certificação ao contrário?

É assim:

A letra I, para mim, representa a Ignorância. No sentido mais original da palavra, que é a condição da pessoa que não sabe, que não tem consciência, e que por isso não entende o que lhe é apresentado ou explicado. É como a semente que cai sobre as pedras. É mais do que a falta de conhecimento — é a incapacidade de aprender e ver o novo, o despreparo para lidar com o presente, com o futuro que já chegou. Pode ser um computador, pode ser o idioma inglês, pode ser um novo software, uma nova função ou uma nova tecnologia. Ignorância é não saber lidar consigo mesmo, com o outro e com o próprio destino.

Existe remédio para ignorância, mas não é vendido em farmácia: é a educação. Estudar, interessar-se pelo que está sendo desenvolvido no mundo, conviver com outras pessoas em associações, palestras, cursos, tudo isso ajuda a eliminar essa primeira letra negativa.

A letra S, para mim, quer dizer Superficialidade. É aquela atitude que impede que a pessoa se aprofunde em qualquer coisa, inclusive no conhecimento de si mesma. É a tal semente que caiu entre os espinhos: onde a camada de terra era fina, superficial, e não permitia que a semente pudesse ficar razoavelmente abrigada, oferecendo todo o seu potencial de crescimento, toda a sua plenitude.

É como diz a canção composta por Leoni e Bruno Fortunato e interpretada pela banda Kid Abelha: "Eu tenho pressa, tanta coisa me interessa, mas nada tanto assim". E: "Eu sei de quase tudo um pouco, mas quase tudo mal". Então, superficial é quem sabe 50%, que se envolve pela metade, quem não gosta de ler, não gosta de estudar, não gosta de se envolver. O mundo está cheio de gente que faz o que pode, mas o mundo precisa mesmo é de gente que faça o que é necessário.

E, enfim, considero que a letra O quer dizer Ocupação. As pessoas deixam de aproveitar a mensagem, a informação, porque estão ocupadas com tantas coisas — grande parte delas absolutamente inúteis — que não se importam com o que está à mão. São viajantes, passantes apenas pelas estradas, e não fincam o pé em lugar nenhum. Estão muito preocupadas com as conquistas, com o que ganharam, com suas riquezas, com seu status e sua posição, por isso não têm tempo para novas e "pequenas" coisas.

Em contrapartida, outros geralmente se enterram em tantas preocupações, lutando com dívidas e dificuldades, que não encontram condições para cuidar da semente.

Figurativamente, então, temos de evitar:

Ignorância
Superficialidade
Ocupação

Essa é a norma ISO da qual devemos fugir. E quero fazer um pacto com você: reconheça que não sabe, procure se aprofundar e esteja disponível para ouvir, aprender e evoluir. Esse é o sistema que você vai usar para verificar a qualidade da sua plantação, esse é um ISO a ser evitado e não a ser conquistado.

FORMAS DE INVESTIMENTO EM PESSOAS

Existem algumas pessoas que você precisa construir na sua jornada. Especialmente se é casado e tem filhos. Você precisa investir na vida deles e essa deve ser sua tarefa número 1.

A todo momento, lembre-os de quanto são bons, das coisas grandes que farão na vida. Faço isso sempre, a cada instante, com meus filhos. Sempre digo a cada um deles que espero que, além de fazer coisas grandes com a própria vida, ultrapassem tudo o que eu fizer. Gosto de brincar com eles, dizendo que não vou dar moleza. Não se trata de competição. É apenas uma maneira de mostrar-lhes como nossos pais fizeram coisas maiores que os pais deles. E nós já fizemos coisas maiores que nossos pais. Por isso, pela lógica do mundo, temos certeza de que eles farão coisas ainda maiores do que nós.

Faço a mesma coisa com minha esposa. Com frequência, digo quanto acredito nela e quanto tenho orgulho dela e de como ela faz bem a gestão dos mais de cem colaboradores em nosso grupo de empresas. Uma das coisas que mais me deixa impressionado é o crescimento que ela apresenta a cada ano.

Minha melhor "plantação" deu frutos na forma de milhares de alunos de escolas públicas que hoje estão falando inglês. Havíamos acabado de fechar a unidade Paulista quando surgiu a oportunidade de iniciarmos um projeto na cidade de Diadema, considerada na época a cidade mais violenta do país.

Transformamos nossos jovens alunos em profissionais qualificados com domínio da língua inglesa. Como apenas

5% da população no Brasil é fluente no idioma, nós colocamos esses jovens no "topo da cadeia alimentar". Foi assim que nasceu o Instituto Irene Vieira, que desde a sua formação já ajudou centenas de jovens a se transformarem em professores, o que nos permitiu ser a única escola de inglês on-line do país que trabalha somente com professores particulares. Mas quero falar aqui sobre a diferença que fazemos na vida desses jovens. Gostaria de citar o nome de cada um deles aqui, mas faltaria, então vou falar dos feitos notáveis que eles alcançaram e que me marcaram. Lembro-me de uma jovem do projeto, que hoje dirige um departamento de uma grande empresa, e que conseguiu se mudar da comunidade para um apartamento no centro da cidade. Lembro-me de um rapaz que foi trabalhar em uma das maiores empresas de tecnologia do mundo, a IBM. Lembro também de jovens que conquistaram seu espaço em empresas aéreas e em grandes bancos. Esses jovens me dão uma alegria especial porque muitos dos professores deles, de escolas públicas, me disseram que era impossível ensiná-los a falar inglês. Eu aprendi com a Accelerated Learning que todo mundo nasce com habilidade para falar uma nova língua.

Você consegue imaginar a minha alegria quando tivemos nossos primeiros professores (antigos alunos de escola pública) indo para Disney? Muitas vezes esses jovens me ligam ou me procuram para agradecer o que fiz com eles, mas eu reluto em receber esses agradecimentos por uma única razão: foram eles que fizeram o trabalho duro. Tudo o que eu fiz foi abrir a porta. Como na história do cara que estava em Las Vegas e sem dinheiro até para ir ao banheiro, na época em que para se entrar nos banheiros tinha de colocar 25 centavos nas portas, ele ficou pedindo por uma moeda a porta, até que alguém deu a ele 25 centavos e, quando foi entrar, uma pessoa saiu e deixou a porta aberta. Conseguiu poupar aquela única moeda. Com os 25 centavos no bolso, foi até o caça-níqueis e apostou a moeda. Ganhou 100 mil dólares e quando os repórteres perguntaram se ele queria agradecer ao homem que havia dado a moeda, disse que não. Entretanto, queria agradecer a pessoa que abriu a porta. Temos planos audaciosos para esses jovens. Sabemos que eles são gênios em potencial e vamos mostrá-los ao mundo. Continuamos a plantar essa semente que dará muitos e muitos frutos.

Observe, agora, algumas maneiras de investir nas pessoas:

1. acredite nelas mais do que elas mesmas, e diga-lhes isso;
2. seja um viciado em procurar qualidades nas pessoas;
3. encoraje as pessoas que passarem pelo seu caminho;
4. fortaleça as pessoas para que alcancem seus objetivos;
5. telefone para dizer algo bom sobre elas;
6. veja um projeto que o lembre delas e compartilhe;
7. invista tempo, que é uma das maiores honras que um liderado pode receber;
8. mande uma frase, uma história ou um vídeo inspirador;
9. celebre as vitórias que eles obtiveram e reconheça o esforço deles;
10. plante na vida de quem não tem condições de retribuir.

Você tem algo a oferecer que ninguém mais tem. Você tem algo único. Use isso para ajudar as pessoas a crescer. Seja um construtor de pessoas.

CONFIANÇA E FÉ

É importante termos fé na hora da plantação: você pode saber quantas sementes tem dentro de uma maçã, mas não sabe quantas maçãs tem dentro de uma semente.

Porque Deus, ou essa mão invisível, é bom. Ele permite que você plante o que quiser. E porque Ele é justo, você vai colher o que plantou. E porque Ele é generoso, vai fazer com que a sua boa semente dê frutos por trinta, sessenta e até cem vezes para cada semente plantada.

Quando iniciamos a Universidade do Inglês, se você dissesse que um dia teríamos formado mais de 35 mil alunos, eu responderia que estava louco. Mesmo que dissesse que formaríamos 10 mil alunos, ainda assim eu o acharia louco. Se falasse em mil alunos, ainda assim acharia exagero.

Lembro-me de ter dito a alguém, na época, que, se pudéssemos ajudar cem alunos a falar inglês, seria uma marca memorável. Então, 35 mil, e sabendo que o melhor ainda está por vir, uau!...

É isso o que quero dizer quando afirmo que você sabe quantas sementes tem dentro de uma maçã, mas não tem como saber quantas maças tem dentro de uma semente.

Outra coisa que muitos querem, mas poucos percebem, é que desejam tempo — e para conseguirem, têm de plantar o tempo.

Li um livro de um empresário que afirmava trabalhar agora quatro horas por semana. Vi pessoas lendo o livro e ridicularizando o plano de Tim Ferriss, o autor. O que as pessoas, porém, não perceberam é que, antes de trabalhar essas quatro horas por semana, ele trabalhou duro, muitas vezes até mais de cem horas por semana. Então, se quer ter mais tempo em sua vida, recomendo que pegue as suas noites e as plante, pegue os seus fins de semana e os plante, e pegue suas férias e as plante também. E faça tudo isso sem sair do emprego. Com certeza vai ficar com olheiras, mas será um tipo diferente de cansaço.

Assisti à palestra de Waldemar Niclevicz, um alpinista brasileiro que escalou o monte Everest. Em determinado ano, ele estava a cem metros de chegar ao topo, quando recebeu o aviso de que uma tempestade poderia acontecer nas próximas 72 horas. Ele sabia que não haveria tempo para ir e voltar sem risco, então resolveu desistir. Dois anos depois voltou e, faltando novamente cem metros, recebeu a informação de que teria 48 horas para completar a subida. Foi o que ele fez, sem parar nem para dormir nem para comer. Entretanto, uma coisa no relato dele me intrigou. Ele não ficou cansado nem sentiu fome. Eu imagino que, depois que terminou a escalada, deve ter dormido por uma semana e comido um boi, mas nas horas da jornada ele não sentiu fome ou cansaço.

É isso o que quero dizer quando recomendo que faça tudo o que Bill ensinou: sonhar, buscar conhecimento, associar-se e plantar. (Há ainda mais uma recomendação, que é usar o poder da palavra, tema que tratarei no próximo capítulo.)

Fique tranquilo que você não vai se sentir cansado durante seu processo de plantação. Tem uma mágica aqui: você é tomado por um nível de entusiasmo e energia que não o deixa se cansar durante a jornada. Você vai voar como águia e não vai se cansar.

Vamos falar, agora, de outro nível de plantação.

Pense que sua semente pode estar sendo plantada para as futuras gerações. Veja, por exemplo, a semente que minha avó plantou, há tantos anos, e que está dando frutos aos seus tataranetos.

Falamos, em um dos capítulos anteriores a respeito da felicidade, que reside no processo de estabelecer metas e o trajeto percorrido até alcançá-las. As sementes que você planta, entre o ponto A e o ponto B, são as sementes da sua felicidade. Quando alcança e cumpre suas metas, e chega ao que chamamos de sucesso, essa é a colheita. Mais uma vez: a felicidade é plantar, enquanto o sucesso é colher.

O resultado dessa plantação, e não falo isso para jogar confete em mim mesmo, é que há muito tempo superamos o desafio de quitar as dívidas de mais de 1 milhão de reais. Se tivesse de explicar isso de maneira lógica e racional, com certeza não conseguiria. No entanto, o fato é que tantas coincidências aconteceram, tantas boas oportunidades e pessoas apareceram em meu caminho, que não posso chamar de coincidência.

Da mesma maneira que Adam Smith disse que a mão invisível aparece para regular o mercado, essa mão também aparece para ajustar o tamanho da colheita ao tamanho da plantação. Saímos da condição de empresa praticamente sem funcionários para a de maior empresa líder de mercado, a maior escola de inglês pela internet do Brasil.

Bill não mentiu quando disse que, se eu aplicasse em minha vida o que ele havia ensinado naquele fim de semana, meu valor seria centuplicado. E se eu tivesse de cinco a dez líderes com seu valor centuplicado, então nossa empresa poderia valer mil vezes mais. E foi só isso o que fizemos.

8

O PODER DA PALAVRA

Cada pessoa vive no nível do que disser a sua boca.
(inspirado em Provérbios 12:14)

Naquele fim de semana decisivo de minha vida, Bill falou sobre o poder da palavra. Ele nos ensinou que esse é o maior poder do universo e que nada lhe poderia ser comparado. Nas minhas palestras, quando falo para jovens, digo que nem o Homem de Ferro e o Homem Aranha, com suas capacidades extraordinárias, podem ser comparados a esse poder. Quando falo para adultos, digo que nem Barack Obama, presidente dos Estados Unidos, combinado com o poderio da populosa China, se equiparam ao poder da palavra.

Todavia, vamos deixar isso mais prático, e ver como o poder da palavra atua em nosso dia a dia e como podemos usá-lo em favor de nossa carreira ou nosso negócio.

Comecemos falando de algo que causa extraordinário impacto em nossos pensamentos: a mentalidade da escassez e a mentalidade da abundância. A primeira diz que no mundo não há o suficiente para todas as pessoas, e a segunda que no mundo há mais do que o suficiente.

Cresci com uma mentalidade de escassez e até hoje me lembro de quando ela começou: assistindo a um filme de terror, ou melhor, uma aula de história. Naquele dia o professor chegou falando da teoria de Malthus, que previa que, enquanto a produção de alimentos cresceria em progressão aritmética (2, 4, 6, 8, 10, 12), a população cresceria em progressão geométrica (2, 4, 8, 16, 32, 64). Não me lembro de absolutamente mais nada daquela aula. Só o que ficou na minha lembrança de menino de 12 anos foi a certeza de duas coisas: que ia passar fome, e que no mundo não havia o suficiente para todos.

Essa crença era reforçada porque, na verdade, quando eu era criança, todos nós, brasileiros comuns, sentíamos falta de comida. Era muito raro encontrar um garoto gordo. A população, de modo geral, era magra. Tudo isso servia para comprovar que a previsão de Malthus já era realidade.

Bill, sozinho, não conseguiu quebrar esse paradigma. Tive de estudar muito, para finalmente descobrir que Malthus estava errado. Até cem anos atrás, se tomarmos os Estados Unidos como exemplo, mais de 90% da população norte-americana era agrícola e os alimentos não eram suficientes para todos. O que Malthus não sabia era que a tecnologia mudaria para sempre a sua teoria — hoje, 3% da população norte-americana é agrícola e produz mais que o suficiente para toda a população norte-americana, e ainda exporta. Mesmo o Brasil, que até há pouco tempo tinha grandes bolsões de fome, hoje é apontado como futuro celeiro mundial.

Ainda criança, assistia a documentários e reportagens na televisão anunciando que o petróleo ia acabar. Novamente uma situação que apoia a teoria de Malthus. Entretanto, os carros se tornaram mais econômicos e, a par disso, muito mais petróleo foi encontrado no mundo. Tanto é verdade que inclusive o Brasil é apontado como um dos maiores produtores de petróleo do futuro, graças às pesquisas que conseguiram identificar jazidas abaixo da camada do pré-sal.

Uma das lutas mais duras da minha vida foi mudar a minha mentalidade de escassez para a mentalidade de abundância. Foi o primeiro passo para mudar o que saía da minha boca. Tempos silenciosos, em que tive de reaprender a falar. Eu havia passado anos e anos falando coisas negativas, sem ter noção do poderoso impacto dessa atitude sobre a minha vida. Quando afinal tomei consciência, isso me levou ao passo seguinte, que foi conduzir minha conta bancária emocional para o positivo.

De uma coisa eu tinha certeza: se minha conta bancária emocional fosse cuidada por um banco, meu nome estaria no SPC, de tão negativa que ela estava. Era necessário, conscientemente, bloquear a entrada de negativo e adicionar saldo positivo.

Praticamente cortei a televisão e os jornais — na época não existia ainda a internet, com seus portais de notícias. Excluí do meu cotidiano tudo o que fosse negativo. Gosto de brincar, dizendo que nessa época terminei meu namoro com os jornais noturnos da televisão. Aprendi depois, estudando a Accelerated Learning, que tudo o que você vê, ouve ou sente, à noite, imediatamente antes de dormir, é processado em primeiro lugar pelo cérebro. Então, imagine como era meu nível de energia, quando antes de dormir ouvia que o dólar subiu, o desemprego aumentou, a corrupção está afundando o país, mais assaltos e guerras... Eu praticamente assistia à chegada do fim do mundo, toda noite. Tinha pesadelos sem fim, num círculo vicioso que só fazia o negativo aumentar.

Vinha a manhã seguinte. E adivinha qual a primeira coisa que eu fazia? Claro! Ouvia as notícias. E você acha que notícia boa vende jornal? Não. Então tome notícia ruim e durma com um barulho desses.

Eu também tive de me distanciar dos meus amigos. Lembra-se de que disse que o deserto é solitário? Por isso fiquei sozinho — tinha de reaprender a falar e não conseguiria fazê-lo com meus antigos amigos.

Havia algo mais que eu precisava fazer para bloquear o negativo: não podia ficar sozinho com meus pensamentos. Era uma coisa insana. Os maus pensamentos insistiam em tomar conta da minha mente, para esfregar na minha cara as evidências de que as coisas iam ficar piores do que estavam, de que as minhas iniciativas não adiantavam de nada. E cada vez que alguma coisa dava errado, vinha uma vontade quase insuportável de me juntar aos velhos amigos, para beber e falar mal de quem não estava lá, enfim um prazer quase físico de colocar um ao outro para baixo, por meio de piadas humilhantes e preconceituosas. Mas resisti. A decisão estava tomada. Eu ia fazer minha conta bancária emocional ficar positiva, custasse o que custasse.

ESTRATÉGIAS DA POSITIVIDADE

Para bloquear os pensamentos negativos, a estratégia que Bill me ensinou, e que eu usava quase como um mantra ("parado lendo, andando ouvindo"), foi fundamental. Duvido que, entre as quinhentas pessoas presentes no treinamento com o meu mentor Bill, alguém tivesse ouvido mais aqueles áudios do que eu. Quando afirmo que ouvi mais de cem vezes o conjunto de fitas, num total de 1.800 horas, não estou exagerando nem usando força de expressão. Ouvi aqueles áudios seguida, repetidamente, outra vez e outra vez. Cheguei a decorar trechos, de tanto que ouvi. E li, também. Li muito. Um livro depois do outro, dia após dia. Ocupei a mente, tudo para não ficar sozinho com meus pensamentos. Naquele momento, eles eram os meus maiores inimigos.

Em algum lugar do caminho comecei a sonhar. E trabalhei para usar a *imagenharia*, a engenharia da imaginação. Como a Disney ensinou, começou como fantasia e terminou com o slogan: *dreams come true* (sonhos se tornam realidade).

O conceito de autoimagem que aprendi com Bill fez muita diferença naquilo que eu falava. É um conceito diferente da maioria das definições que vi. Nossa imagem é diretamente afetada pela nossa conta bancária emocional, ou seja, uma conta bancária emocional negativa produz autoimagem negativa, e uma conta bancária emocional positiva produz autoimagem positiva. Até aí, nada de ilógico. O que ele disse, porém, e que até hoje me faz pensar, foi que a nossa autoimagem não é composta pelo que achamos de nós mesmos, mas sim pelo que achamos que os outros acham de nós.

Complicado, não é? Vou dar um exemplo para esclarecer. Muito tempo atrás, bem antes de eu conhecer o Bill, um amigo queria me levar para trabalhar na General Motors, a GM. Ele achava que o departamento dele precisava de alguém com o meu espírito. Ele me conhecia apenas socialmente, e com certeza viu algo em mim que naquela época eu mesmo não via. Contudo, minha autoimagem era tão negativa que eu não acreditei que tivesse estatura para trabalhar em uma multinacional. Para usar a expressão popular, "era muita areia para o meu caminhãozinho". Lembro-me, até hoje, com vergonha, da voz de decepção do meu amigo quando recusei a vaga, por telefone, sem sequer apresentar uma razão convincente. Naquele tempo, trabalhar na GM era tudo com que um rapaz da minha idade poderia sonhar.

Talvez este outro exemplo contribua para deixar a questão mais clara. Quando se trata de conquistar alguém do sexo oposto, muitas vezes um rapaz se interessa por uma moça, mas acha que não está à altura dela. Tem tanta certeza disso que, muitas vezes, ainda que alguém diga que a moça está interessada nele, não consegue acreditar.

Um dos efeitos mais interessantes da autoimagem é que, trabalhando com ela e fazendo-a crescer, até a sua aparência muda — e para melhor. Pessoas que ficaram muito tempo sem vê-lo podem até não reconhecê-lo. Porque, na mesma medida em que melhora a imagem que faz de si mesmo, melhora também a sua autoestima e a sua autoconfiança. O reflexo desse avanço, na sua postura e na sua aparência, não passa despercebido de ninguém.

Resumindo, para tentar ajudar, com essas definições:

- autoestima — o que você acha de você mesmo;
- autoimagem — o que você acha que os outros acham de você;
- autoconfiança — o fruto da combinação da autoimagem e da autoestima.

Continuo a explicação porque esse tema é essencial.

Uma pessoa pode ter uma autoestima boa e uma autoimagem ruim, ou vice-versa. Ela pode nutrir bons sentimentos e pensamentos, em relação a si mesma, mas achar que outras pessoas a veem de maneira diferente. Pense em alguém anoréxico. A pessoa está magra, mas acha que todos a veem gorda, e esse é o principal sintoma da anorexia.

Você consegue entender, então, de que modo as palavras das outras pessoas determinam ao longo de tempo a construção da nossa autoimagem? O início de uma compulsão anoréxica, quase sempre, ocorre porque um dia alguém falou que a moça era gorda.

É possível que o meu problema com a autoimagem tenha vindo da atitude de uma professora que me chamou de burro, muitas e muitas vezes. Talvez o problema de autoimagem de alguém tenha se originado do fato de seus pais terem repetido que nunca seria nada na vida. É o poder da palavra funcionando negativamente na vida das pessoas.

Por isso é tão importante que pessoas que carregam autoridade, como pais, professores, líderes empresariais, tenham sempre uma palavra construtiva a respeito de seus liderados. Quando um homem, revestido da autoridade natural da sua condição de pai, diz que o filho nunca será nada na vida, o peso dessa afirmação é dobrado. O resultado certamente terá imenso efeito negativo sobre o filho, e vai exigir dele, talvez para o resto da vida, uma gigantesca batalha. Não são poucos os casos de pessoas que não conseguiram vencer essa batalha. Também é grande o número daqueles que parecem ter superado, mas que carregam tanta mágoa do pai que nunca obtêm uma vitória completa.

Tenho visto professores, especialmente nas periferias, chegarem ao trabalho, nas escolas ao lado de comunidades carentes, a bordo de reluzentes carros novos. Eles têm casa própria, mas se sentem desanimados porque a vida não é do jeito que queriam. E vão dar aulas para jovens, filhos de mães solteiras ou cujos pais estão encarcerados em penitenciárias. Jovens que frequentam a escola porque querem sonhar com um emprego ao menos decente, um carro que até pode ser desbotado, um presente mesmo que modesto para a mãe, que observam sofrer todo dia, esmagada em metrôs, ônibus e vans alternativas, para trazer para casa o salário mínimo que mal vai custear a cesta básica.

Ao dizer a esses jovens que a vida está ruim, ao reclamar "de barriga cheia", esses professores destroem qualquer possibilidade de esperança que possam ter de que estudar vale a pena. "Porque", pensam eles, "se o professor, que é meu modelo de pessoa bem-sucedida, reclama desse jeito, que serei eu no futuro, com a história familiar que tenho?" Pronto! Esse jovem vê aquela figura de jaleco branco, investida da autoridade que o governo lhe deu, afirmar do alto de todo o seu conhecimento que garotos como ele nunca vão ser nada na vida. E conclui, de maneira errada, que o professor está completamente certo.

Assim, sem escolha, resolve que vai tomar à força o que a sociedade não lhe dá. Quem sabe, numa ironia do destino, um dia rouba o carro e mata o filho da mesma professora que lhe disse que nunca seria nada na vida. Triste, mas a dinâmica social que enfrentamos é mais ou menos essa...

É o que eu digo: a palavra tem poder para construir e tem poder para destruir.

A autoridade deve ser exercida com amor incondicional. Entenda-se por amor incondicional aquele sentimento que não impõe condições. O amor não impõe restrições; ao contrário, estimula. Amor é a emoção de lançar um olhar sobre cada ser humano e enxergar uma criação de Deus, que, portanto, é dotada de dons e talentos indetectáveis a olho nu. Essas qualidades só podem ser vistas com o olhar do amor.

Sinto isso quando olho para meus filhos. Como disse em capítulo anterior, sei que eles estão destinados a fazer grandes coisas, maiores ainda do que as que eu fiz. Como eu sei disso? Porque essa é a maneira que Deus tem de construir a história da humanidade. As gerações atuais, sempre que corretamente orientadas, sempre que a respeito delas forem pronunciadas palavras poderosas, palavras de incentivo, palavras de crescimento, em algum momento serão sementes que vão crescer e multiplicar.

Tenho usado minha autoridade de líder empresarial para construir, com palavras, o futuro dos nossos colaboradores.

Tenho usado minha autoridade de professor para elevar a vida de nossos alunos para outro nível.

Todos os dias uso a minha palavra para afirmar que tenho os melhores alunos do mundo e que eles são perseguidos pelas boas oportunidades na carreira e nos negócios. Repito todos os dias, porque não espero menos do que isso, de cada um deles. E me alegro a cada nova promoção, a cada nova oportunidade, a cada nova porta aberta. Não me surpreendo, porque estou usando o poder da palavra a favor deles.

É responsabilidade de cada um de nós cuidar para que da nossa boca saiam palavras que edifiquem, que construam a pessoa, a carreira e os negócios, mesmo que isso pareça impossível.

Foi o que Bill destacou quando disse que as palavras que as pessoas nos diziam eram importantes, mas que nem de longe se comparavam em importância às palavras que nós dizíamos para nós e sobre nós mesmos. Ele explicou que temos dois ouvidos. Não estava falando das duas orelhas, mas sim do nosso ouvido interno e do nosso ouvido externo. Quando ouvimos as palavras de outras pessoas, usamos o nosso ouvido externo, mas, quando falamos conosco mesmo, ou quando nos ouvimos falando, usamos nosso ouvido interno.

Quem já se ouviu falando, em um vídeo ou áudio gravado, percebeu que sua voz soou completamente diferente, a ponto de algumas vezes nem ser possível reconhecê-la. Quando, porém, falamos para nós mesmos, o som e o conteúdo vão diretamente para o nosso computador central, chamado cérebro.

Recordo-me de uma pergunta marcante. Bill contou a história de um rapaz que se aproximou dele e indagou: "Como estou me saindo? Como está a minha palavra?". Bill relata que lhe disse: "Eu não sei. O que é que você fala quando está sozinho?".

ÁGUA MOLE, EM PEDRA DURA...

Durante a crise do 1 milhão, aquele período cinzento, se você chegasse perto de mim, socialmente, ou em muitas situações profissionais, teria certeza de que eu estava bem, ou a um passo de ficar bem. Tudo por causa do poder da palavra.

No entanto, levei mais tempo do que o necessário para sair da crise, porque, quando estava sozinho só falava: ai de mim, ai de mim, ai de mim. Era tanto ai que dava dó, mas lamentar não mudava a situação. Foi só quando tomei a decisão de mais uma vez usar a palavra falada para acabar com a crise que as coisas mudaram. Coincidência? Eu sei que não. Foi o poder da palavra.

Num dos intervalos daquele treinamento que sempre menciono aqui, o pessoal encarregado do evento colocou uma música de uma cantora norte-americana. Bill ficou tão bravo quando ouviu a moça cantando que esse episódio me chamou a atenção.

Vou juntar a esse episódio um ensinamento de Aprendizagem Acelerada: a música é uma das formas mais poderosas de aprendizado, porque faz trabalhar, integralmente, todos os recursos do nosso cérebro. Portanto, cuidado com as músicas que você canta!

Existem letras de música que nos colocam completamente para baixo, que nos fazem falar mal de nós mesmos ou declararmos um futuro que não queremos.

Existem letras de músicas que dizem que vamos acabar pobres e sem dinheiro, outras que preveem que vamos ficar sozinhos e ser traídos, outras que vamos ser presos e outras que vamos morrer. Cantamos essas músicas tantas e tantas vezes que elas chegam a fazer parte de nós. O que mais me surpreende é que até músicas cantadas em igrejas têm essa característica de depreciar o que Deus chama de a coroa da Sua criação.

Cantar uma vez pode ser divertido, a rima pode ser saborosa e o ritmo eletrizante, fica até difícil não cantar. Contudo, o mais comprometedor mesmo é viver cada dia uma vida que você não quer, simplesmente porque não consegue disciplinar a boca. Mais uma vez: cuidado com o que canta; cuidado com o que diz.

Segundo Bill, a Bíblia tem um segredo que 99,99% da população mundial desconhece. Esse mundo de gente nasce, cresce, passa pela existência e morre sem nunca ter sequer ouvido qualquer coisa sobre esse segredo. Apesar de, segundo ele, o segredo estar presente na Bíblia da primeira à quarta capa, do Gênesis ao Apocalipse. As pessoas não descobrem porque é um segredo não revelado. Foi a partir desse momento que resolvi ler a Bíblia. Eu a li inteira, por três vezes, e ainda hoje fico de boca aberta com o que descobri sobre o poder da palavra.

Vamos, porém, voltar à parábola do semeador.

Depois que Jesus explicou para a multidão sobre as sementes que caíram em terra ruim e as que caíram em terra boa, quando ficou na companhia apenas dos doze discípulos e dos que lhe eram mais próximos, Ele disse: "A vocês foi revelado o segredo do reino de Deus". E logo em seguida ele disse O SEGREDO: "O semeador semeia a palavra".

Seria possível que eu tivesse passado a vida toda procurando a resposta, e ela estava ali, na minha frente? E era tão simples assim?

Mesmo sem nunca ter estudado a Bíblia antes, eu já ouvira repetidas vezes que a fé remove montanhas. Claro que fiquei surpreso quando descobri que o que eu considerava apenas um dito popular era baseado em algo escrito na Bíblia. Estava escrito assim: "Se alguém disser a este monte: 'levante-se e atire-se no mar', e não duvidar em seu coração, mas crer que acontecerá o que diz, assim será feito" (Marcos, 11:23).

Observem os verbos: *disser* e *diz* no mesmo trecho. Foi aí que eu virei um removedor de montanhas.

Usando a palavra aprendi a remover da minha vida:

- a montanha da mediocridade;
- a montanha da inferioridade;
- a montanha da baixa autoimagem;

- a montanha da pobreza;
- a montanha da escassez;
- a montanha da derrota;
- a montanha da vergonha;
- a montanha da infelicidade.

Vou compartilhar mais uma história com você.

Para vocês é revelado o segredo: o semeador semeia a palavra.

Ray Melilo é um diretor de vendas que luta para ser promovido a diretor executivo, para isso, ele precisava fazer com que três filiais alcançassem certo volume de vendas durante o ano fiscal americano, que vai de setembro a agosto. A primeira coisa que ele fez foi usar o poder da palavra para declarar a toda empresa que ele seria o novo diretor executivo. Em cada reunião, cada evento, cada almoço, ele falava que seria o novo diretor. O fato é que o novo ano fiscal se iniciou e uma das filiais não conseguiu atingir o volume necessário para a promoção, aí uma coisa surreal aconteceu. Apesar da derrota, ele continuava dizendo que seria promovido a diretor executivo. Todos diziam que sim, mas no próximo exercício fiscal, e ele dizia que não, que iria ser naquele exercício. Acontece que uma filial brasileira que não aparecia na contagem estava todos os meses atingindo o volume necessário para a promoção, sem que o diretor soubesse, quando os relatórios foram consolidados aqui no Brasil e enviados para os Estados Unidos, Ray Melilo foi promovido a diretor executivo. O poder da palavra se popularizou naquela empresa.

Talvez alguém pense que é coincidência, mas depois de vinte anos estudando o poder da palavra eu ainda não encontrei ninguém que tenha contrariado a afirmação de que cada pessoa vive no nível do que disser a sua boca. Vi pessoas saindo da pobreza com sua palavra. E vi pessoas condenadas a uma vida de mediocridade também por causa da palavra. Vi pessoas salvando e destruindo seus casamentos com a palavra que saía de suas bocas. Na primeira página de Gênesis está escrito assim: Disse Deus: "Haja luz", e houve luz. E, se você continuar seguindo em frente, vai ver que tudo o que Deus disse passou a existir, e, ainda na mesma página, diz que nós fomos feitos a imagem e semelhança de Deus, ou seja, se o poder Dele está na palavra o nosso também pode estar... Assim como Ray Melilo, precisamos aprender a falar o que ainda não é como se já fosse, mesmo que as circunstâncias estejam totalmente contrárias. Porque cada um viverá no nível do que disser a sua boca.

Talvez você tenha passado anos dizendo coisas negativas sobre si mesmo. Nunca vou conseguir pagar essas dívidas, nunca vou perder peso, nunca vou conseguir me casar, nunca vou ser promovido. É preciso começar a mudar essas palavras para construir um futuro vitorioso. Decida hoje que só vai falar palavras construtivas sobre si mesmo. Todos os dias, com ou sem vontade. Diga como quer que seja o seu futuro, como se ele já tivesse acontecido.

Bill me ensinou a repetir, e talvez você queira fazer o mesmo, falando em voz alta algumas destas palavras:

- Eu vou vencer.
- Eu sou vencedor.
- Problemas fazem parte da vida; eu sou maior que meus problemas.
- Eu estou crescendo em minha carreira.
- Eu tomo boas decisões.
- Eu tenho sabedoria.
- Tudo aquilo em que eu coloco as mãos dá certo.
- Eu sou forte e corajoso.
- Eu sou íntegro e transparente.
- Eu sou alegre e extremamente bem-humorado.
- Eu tenho uma saúde perfeita, tudo que eu como me faz bem.
- Eu tenho tempo para fazer as coisas que gosto.
- Eu tenho dinheiro na poupança.
- Eu tenho os melhores colaboradores do mundo.
- Eu tenho os melhores alunos do mundo.

Enfim, eu tenho a minha lista de ser e ter. Eu tenho a minha lista do eu sou e do eu tenho. Compartilhei com você algumas coisas que aprendi com Bill, acrescentadas de algumas outras que fui adicionando, com o passar dos anos, à minha lista de poder.

Hoje, tenho a minha lista e minha esposa tem a dela. Na maior parte das listas, há coisas comuns a nós dois. Uma de nossas maiores alegrias é riscar uma meta que já foi atingida e substituí-la por outra, ainda mais entusiasmante.

Enquanto você viver, sua lista de poder deverá ter sonhos a realizar, metas a cumprir, todas as coisas que você precisa ser para conseguir todas as coisas que quer ter.

Em dois lugares diferentes, aprendi recentemente duas coisas que se completaram.

Primeiro, aprendi que o nome de Deus é EU SOU e aprendi que Ele tem esse nome porque você pode colocar tudo o que precisa ser depois do EU SOU e Ele será para você. Eu sou um bom pai, eu sou um bom profissional, enfim Ele é tudo o que você precisa ser.

A segunda coisa aprendi num treinamento empresarial. No treinamento, ouvi uma mensagem que dizia que o maná tinha o gosto que o povo hebreu queria que tivesse. Ou seja, o que você precisa ter.

Juntando tudo: Eu sou o que você precisa ser e dou o que você precisa ter. Parece bom para mim.

9

A TERRA PROMETIDA

N*unca algo tão grande foi realizado tão rápido.*
(Jober Chaves)

Se, no dia 18 de novembro de 1994, você tivesse dito que eu estaria à frente de um grupo empresarial com um faturamento anual na casa dos oito dígitos, com mais de cem colaboradores, e que acima de tudo tem ajudado milhares e milhares de pessoas a falar inglês em um curto espaço de tempo, com certeza diria que você estava louco ou falando com a pessoa errada.

De boca aberta, ainda vejo aquele menino que não conseguia atingir uma renda decente para cuidar da família e das necessidades básicas, que estava constantemente endividado e escapava de uma situação difícil para logo em seguida entrar em outra.

Aliás, se dissesse que eu estaria falando inglês e que aprenderia o idioma em oito semanas, eu com certeza riria de você por uma semana inteira, porque simplesmente acharia impossível.

Talvez neste ponto você queira ver a história de pessoas que, como eu, fizeram o impossível e aprenderam a falar inglês em um curto espaço de tempo. Vá até o nosso site: www.universidadedoingles.com.br/testemunhos.

Mas veja a propaganda que eu li da Nike, nos Estados Unidos: "O impossível é apenas uma grande palavra usada por gente fraca, que prefere viver no mundo como ele está, em vez de mudá-lo, melhorá-lo. Impossível não é um fato. É uma opinião. Impossível não é uma declaração. É um desafio. Impossível é hipotético. Impossível é temporário. O impossível não existe. Nada é impossível. (*Impossible is Nothing.*)

Uma pessoa viaja da Carolina do Norte para o Brasil, pelo simples desejo de retribuir o que a vida lhe deu, abundantemente. Quando perguntei ao Bill como poderia retribuir o que havia feito por nós, ele respondeu: "Aprenda o que eu ensinei, aplique na sua vida e, quando estiver pronto, compartilhe com outras pessoas".

Eu tinha um sonho de um dia ir aos Estados Unidos e agradecê-lo por tudo o que fez por mim. Isso, porém, não foi possível — ou fui eu que demorei demais ou ele que foi rápido demais. Em janeiro de 2013, Bill foi morar no céu. Sei, porém, que um dia poderei agradecê-lo pessoalmente. Pelos meus cálculos, depois de 2082. Bill vai ter de esperar, porque até lá tenho de cumprir a missão que recebi. A de que cada pessoa que passe pela minha vida esteja melhor quando me disser tchau do que quando me disse oi. Essa é a minha missão. Cumprindo o desejo de Bill, postamos diariamente pequenos vídeos nos quais compartilhamos com milhares e milhares de pessoas aquilo que aprendi com ele. Se quiser conhecer mais, vá até www.historiasdobill.com.br e deixe lá o seu comentário.

Eu não sei pelo que você está passando na vida neste momento, mas alguma esperança eu posso dar.

Se está com dívidas, pode superá-las porque Bill me ensinou que um homem só é verdadeiramente livre quando não tem dívidas e controla o seu tempo.

Se está com problemas de relacionamento, vai superar porque Bill me ensinou como ser "um" em nossos relacionamentos.

Se está com problemas com sua carreira estagnada, não se preocupe. Bill ensinou como "explodir" em sua carreira, de modo que fique incontrolável.

Se sua empresa está atravessando momentos de dificuldades, espere pelo melhor, porque Bill me ensinou a tirar a rolha da garrafa para fazer as coisas ultrapassarem todos os limites.

Se sua vida está cinza, deprimida e sem horizontes, saiba que tudo vai ser iluminado, porque Bill me ensinou como sonhar novamente.

AS FERRAMENTAS DO SUCESSO

Se usar as cinco chaves na sua vida, vai triunfar, vai multiplicar o seu valor por trinta, por sessenta e até centuplicar o seu valor. Se usar as cinco chaves na sua empresa, seu valor pode ser mil vezes maior. Como eu sei? Eu já disse: Bill fez isso por mim.

Disseram que seria impossível. Disseram que eu não conseguiria. Disseram que o inferno ia esfriar antes de eu conseguir alcançar essa coisa chamada sucesso. Entretanto, como Bill disse: "Se colocar em prática tudo o que viu aqui, vai viver uma vida que jamais pediu, sonhou ou imaginou". Aqueles que disseram que era impossível ajudar pessoas, no Brasil, a falar inglês em um curto espaço de tempo, ou que era impossível ajudar jovens que moravam em comunidades carentes a falar inglês, desculpem, chegaram tarde demais. Como eu não sabia que era impossível, fui lá e fiz.

Quero ilustrar isso com uma história. Antes, porém, preciso explicar o que se passa nos Estados Unidos. E, para que você saiba, lá o ano letivo começa em setembro. Então, para as festas de fim de ano as escolas fazem apenas alguns dias de paralisação entre Natal e ano-novo. Férias mesmo são o que os norte-americanos chamam de *summer vacation*, as grandes férias de verão, entre junho e agosto. Isso se explica: somente nessa época não faz frio nem neva, na maior parte do país. Sabendo disso, vamos para *As Três Cartas de Teddy*.[1]

> A carta do Teddy chegou hoje e, agora que eu já li, vou colocar no meu baú de cedro, junto com as outras coisas que são importantes na minha vida.
>
> A carta começa assim: "Eu gostaria que você fosse a primeira pessoa a saber" – e eu sorri. E, à medida que

1. Tradução livre de trecho extraído do livro *Three letters from Teddy and other stories*, de Elizabeth Silance Ballard, publicado em 2000 pela Righter Books.

fui lendo, o meu coração se encheu de um orgulho que eu não tinha direito de sentir.

Eu já não via o Teddy desde quando ele foi meu aluno na quinta série, quinze anos atrás, logo no início da minha carreira. Desde o primeiro momento em que ele entrou na sala de aula, eu já não gostei dele. Você sabe que os professores não devem "não gostar" de nenhuma criança, mas por alguma razão eu não gostava dele. Os professores são humanos, e é da natureza humana gostar dos mais bonitinhos e mais inteligentes, não importa se eles tenham dez ou vinte e cinco anos de idade.

Eu achei que seria capaz de lidar com meus sentimentos, até que o Teddy entrou em minha vida. Naquele momento, não havia uma criança que eu gostasse particularmente, mas do Teddy com certeza eu não gostava. Ele era sujo, não ocasionalmente, mas o tempo todo e como o cabelo já estava crescido e em cima da orelha, ele sempre tinha de tirar o cabelo dos olhos quando ia escrever alguma lição, e isso era muito antes de ser moda ter o cabelo um pouco mais comprido. Depois ele tinha o odor peculiar, que eu nunca consegui descobrir o que era. Esses tipos de defeitos físicos eram muitos e, além disso, ele, intelectualmente, deixava muito a desejar.

No final da primeira semana, eu já sabia que ele estava muito atrás dos outros alunos, completamente sem esperança, mas não só estava atrasado, como era bem devagar e eu imediatamente comecei a me afastar dele.

Qualquer professor poderia dizer para você que é muito mais gostoso ensinar uma criança inteligente ou canalizar seu trabalho para uma criança brilhante. Por que colocar esforço numa criança que é devagar? A maioria dos professores faz isso, mas eu não iria admitir que também era assim.

Contudo, de fato, eu me concentrei nos meus melhores alunos e deixei os outros um pouco pra lá. Com vergonha, admito que tinha até prazer em marcar as provas e os trabalhos do Teddy com caneta vermelha, e eu até escrevia nos trabalhos dele com mais força para ficar mais vermelho.

Apesar de não ridicularizar o menino, a minha atitude era óbvia, ele sabia que eu não gostava dele, mas não sabia o porquê, e eu não fazia nada para me sentir diferente.

Os dias e os meses se passaram e eu continuava lá, contente, marcando com caneta vermelha os trabalhos do Teddy.

Assim chegou o Natal e eu sabia que o Teddy nunca iria se recuperar na escola, que não iria passar de ano para a sexta série. Para justificar a mim mesma, fui até o arquivo dele e vi que teve notas baixas todos os anos, mas nunca havia sido reprovado. Eu não sei como ele conseguiu!

Mas eu deixei essas coisas pra lá e comecei a ler os arquivos:

Primeiro ano: Teddy promete pelo seu trabalho e atitude, mas tem uma situação difícil. É pobre em casa.

Segundo ano: Teddy poderia ir melhor, mas a mãe está com uma doença terminal e ele não tem muita ajuda em casa.

Terceiro ano: Teddy é um menino muito agradável, mas muito sério e aprende devagar. A mãe morreu no ano passado.

Quarto ano: Muito devagar, mas bem comportado. O pai não mostra nenhum interesse.

Aí eu pensei: "Bom, eles fizeram com que ele sempre passasse de ano, mas comigo isso não vai acontecer".

Então no último dia antes do Natal, todas as crianças trouxeram presentes para mim, e colocaram embaixo de uma arvorezinha decorada com um colar de pipocas.

Os professores sempre ganham muitos presentes na época de Natal, e os meus realmente pareciam ser os maiores e mais bonitos. Todos os alunos me presentearam e, a cada presente aberto, se ouvia os gritinhos dos alunos pela sala. O presente dele não foi o último que peguei, na verdade estava no meio da pilha, embrulhado em papel marrom, com desenhos de árvores de Natal e sinos vermelhos feitos por ele e todo grudado com durex. No embrulho, "Para senhora Thompson – De Teddy". Então o grupo ficou completamente silencioso. Pela primeira vez eu me senti embaraçada, porque todos estavam olhando para ver como iria abrir o presente dele. À medida que eu tirei o durex, dois itens caíram na minha mesa: um bracelete velho, imitando diamantes, com várias pedras faltando, e um vidrinho meio vazio de perfume barato. Eu podia ouvir o sussurro das outras crianças, e não tinha certeza se poderia olhar para o Teddy. Aí então falei:

– Mas não é lindo esse bracelete?!

– Teddy, você poderia me ajudar a colocar o bracelete no meu pulso?

E ele então timidamente me ajudou e eu mostrei o braço para que todos pudessem ver. Então abri a colônia e coloquei um pouquinho atrás das minhas orelhas, e as meninas fizeram fila para que eu colocasse um pouquinho atrás das orelhas delas também.

Depois tomamos refrescos e comemos os docinhos que estavam na mesa, e as crianças começaram a ir embora dizendo:

– Até o ano que vem, e Feliz Natal!

E o Teddy ficou na carteira dele. Quando todos saíram, ele veio até mim e disse:

– Você tem o cheiro da minha mãe e o bracelete dela também ficou muito bonito em você e eu gostei que você gostou!

Ele então saiu depressa e eu tranquei a porta, sentei na minha escrivaninha e chorei. Resolvi dar ao Teddy tudo que não tinha dado antes, e ser uma professora que realmente se importava com ele. Depois dos feriados do Natal comecei a trabalhar com o Teddy, todas as tardes. Do dia 2 de janeiro até o último dia de aula. Às vezes trabalhávamos juntos, outras ele trabalhava sozinho com as tarefas que eu passava. No começo, foi muito difícil, mas ele alcançou toda a classe, aumentando gradualmente de nota. Ele não precisou repetir a quinta série e, aliás, as médias ficaram entre as melhores da classe.

Apesar de saber que eu estava me mudando para outro estado no final do ano letivo, eu já não estava mais preocupada com o Teddy. Ele atingiu um nível em que poderia andar sozinho. Ele já estava tirando resultados do seu primeiro sucesso e eu lhe disse: "Lembre-se: sucesso constrói sucesso".

Eu só tive notícias do Teddy sete anos depois, quando a primeira carta dele apareceu na minha casa:

Querida Miss Thompson, eu só queria que a senhora soubesse que estou me formando no ensino médio no próximo dia 25 de maio em segundo lugar da classe.

Atenciosamente,

Teddy Stallard

Então mandei um bilhete de felicitações e um estojo com caneta e lapiseira. Fiquei me perguntando o que ele faria depois da graduação. Até que, quatro anos depois, recebi a segunda carta de Teddy:

Querida Miss Thompson, eu só queria que a senhora fosse a primeira a saber, que eu vou me formar como primeiro aluno da classe. A universidade não foi fácil, mas vou sentir falta.

Atenciosamente,

Teddy Stallard

E então eu mandei para ele um bonito par de abotoaduras e um cartão. Me senti tão orgulhosa que podia até explodir.

Hoje chegou a terceira carta:

Querida Miss Thompson, eu queria que a senhora fosse a primeira a saber, que a partir de hoje sou o Dr. Theodoro J. Stallard, médico. Não é legal?!

Eu vou me casar no dia 27 de julho e gostaria que a senhora viesse ao meu casamento e se sentasse no lugar da minha mãe. O meu pai morreu no ano passado e a senhora é minha única família.

Atenciosamente,

Ted Stallard

Não estou certa de qual o melhor presente para um doutor que acaba de se formar na escola de medicina. Talvez seja melhor esperar e entregar o presente de casamento. Mas, minha resposta não pode esperar:

Querido Teddy, parabéns!

Você chegou lá, e foi por seus próprios esforços!

Apesar daqueles como eu, e não por causa de nós, esse dia chegou para você.

Deus te abençoe, e eu estarei no seu casamento!

• • •

Esta história é um exemplo da atitude da pessoa que, ao estender a mão, faz a diferença para a vida de outra pessoa. Teddy estava no Egito, escravo em sua carência, em seu abandono, descrente da vida, sem mãe, sem apoio. Conhecer a professora foi, para ele, entrar no deserto. Sofreu a rejeição inicial, não se acomodou, persistiu, com toda a sua simplicidade, até que conquistou o privilégio de ser compreendido. Miss Thompson, ao deixar que o coração lhe mostrasse o caminho, tornou-se a mentora do menino e o retirou do deserto, para um oásis. Teddy, como se pode perceber nas cartas que escreveu, voltou ao deserto por outras vezes, usou as ferramentas necessárias e, enfim, conforme relata na carta, estava entrando no belo oásis em que merecia estar.

Se ele foi para a Terra Prometida, não sabemos – a história não conta. Nem é preciso que saibamos. Temos informação suficiente para verificar que, para o Egito ninguém volta, que do deserto ninguém sai sozinho e que, quem está no oásis, precisa ajudar os outros a sair de seus desertos.

• • •

Vou compartilhar com você minha última descoberta: eu tinha certeza de que estava na Terra Prometida. Tanta certeza que poderia até apostar. No entanto, descobri que estou no oásis, que agora você já sabe, é um lugar de passagem. Então, vou em busca da minha Terra Prometida. Deseje-me sorte, pois preciso voltar ao deserto.

E termino com uma história que vai ilustrar tudo o que dissemos neste livro. É a minha história favorita sobre sonhos. Quem contou essa história foi Jack, hoje pastor numa igreja nos Estados Unidos.

Há alguns anos, numa universidade norte-americana de Teologia, uma pequena universidade do Texas, os alunos estudavam para ser pastores. Bem, nem todos os que lá estudavam se preparavam para ser pregadores, mas a maioria sim. Essa maioria estava sempre junta, conversando, se socializando, desenvolvendo amizades. Um dia um cara novo apareceu no *campus*, um homem que não tinha sido visto lá antes. O novato se aproximou e foi bem recebido. Meu amigo se apresentou a ele, dizendo: "Meu nome é Jack. E qual é o seu nome?". Ele respondeu, com a voz mais fanhosa que Jack já ouvira: "Meu nome é Joon". Jack perguntou mais uma vez: "Seu nome é John?". Era óbvio que a vida não estava sendo justa com ele, mas a vida não é justa com ninguém. A pronúncia prejudicada dificultou o entendimento do apelido dele, que era Joe.

Jack entabulou conversa com Joe. Queria saber o que afinal Joe ia estudar na faculdade de Teologia. Isso porque, com certeza, não estudaria para ser pastor, com aquela deficiência na fala. Então perguntou: "O que você vai estudar?". E Joe respondeu. "Eo ero er astor. Eo ou er inha igueja". Jack pensou: será que ouvi certo? O nome dele é Joe e ele vai ser pastor e ter a própria igreja, com essa fala assustadoramente fanhosa? Não posso acreditar no que estou ouvindo. E foi correndo contar a todos os amigos a conversa que teve com o novato, imitando a voz defeituosa com a maior perfeição de que foi capaz. Botou tanta ênfase quanto pôde na fala do pobre recém-chegado: "Eu ome é Joon e eo ou er astor". Repetia a história, ridicularizando o fanhoso. E ria, com os amigos.

Não sei se Deus ficou bravo, se Deus reprovou o que ele fez. O fato é que Jack achou o caso tão engraçado que a qualquer pretexto imitava novamente a frase que ouviu. Fazia-o pelas costas, especialmente quando Joe não estava por perto. Todos riam das imitações, achando graça, ridicularizando o moço.

Era uma coisa feia da qual Jack não se orgulha. É difícil admitir que um candidato a pastor fosse capaz de tal maldade, mas Jack fez isso, muitas vezes.

Um dia, estava o grupo reunido no gramado, conversando, à sombra das árvores. Não sei se você sabe, mas em toda universidade há uma garota que é a mais bonita de todas. Naquele *campus* havia uma beldade maravilhosa assim, a mais perfeita criação de Deus. Todas as vezes que ela andava pelo *campus*, todos os jovens, futuros pastores, diziam: "Obrigado, Senhor, que eu possa ver. Obrigado, Senhor, pelos meus olhos". Ela andava e os pastores olhavam. Era uma espécie de entretenimento, mas ao mesmo tempo uma verdadeira celebração, um ritual de encantamento pela estética abençoada de alguns exemplares da humanidade. No entanto, ninguém se atrevia a cortejá-la.

Um dia, Joe, que com sua voz fanhosa dizia que ia ser pastor, confidenciou ao grupo: "Eo ou asar com ea".

A reação foi imediata. "Como, Joe?! Não acredito no que você acabou de dizer. Por favor, me diga novamente que você está falando que vai se casar com a garota mais bonita do *campus*! Justamente a garota com quem cada um de nós, que somos normais, pede a Deus que possa se casar!..."

Joe, firme e ponderado, afirmou com a voz fanhosa de sempre que ia ser pastor, ter a própria igreja e se casar com a mais bela das belas.

Todos riram muito e o assunto rapidamente virou tema de novas gozações. Passaram a brincar ainda mais com a situação. Todos imitavam o Joe, dizendo com voz fanhosa que iam ser pastores e que se casariam com a garota mais bonita do *campus*.

Joe nunca mais disse uma palavra sequer sobre o ocorrido. Aprenda com ele. Não dizer mais nem uma palavra.

Semanas se passaram. Um dia Joe procurou Jack e avisou que estava pronto para convidar a moça para sair. Informou que, no dia seguinte, às 14 horas, quando eles saíssem do prédio onde estudavam para o intervalo do almoço, momento em que ela estaria passando, como beija-flor, por entre as flores, perto das árvores, ele a esperaria com um buquê nas mãos para pedir que saísse com ele, num encontro.

Então Jack fez uma coisa não muito cristã. Desrespeitando os sentimentos e a confissão do colega, foi encontrar os amigos pastorzinhos para anunciar, em tom de brincadeira: "Ei, galera! Amanhã, às 14 horas, bem no meio do *campus*, o Joe vai passar a maior vergonha do mundo. Ele vai convidar a maravilhosa para sair. Portanto, não percam o espetáculo. Às 13h45 vamos nos esconder entre as árvores, para assistir de camarote à vergonha do atrevido!".

Você já sentiu isso, seguramente. Você, na batalha mais importante da sua vida, e as pessoas assistindo, esperando o seu fracasso.

Um pouco antes das 2 horas da tarde, lá estava Joe, a postos. Não fazia ideia de que os colegas estavam escondidos no meio das árvores no jardim, à espreita. Joe ficou andando por ali, corpo ereto, confiante, aparentando muita segurança.

Tinha os cabelos penteados para trás e usava uma roupa elegante e discreta. De vez em quando soprava nas palmas das mãos, em concha contra a boca, para conferir como estava o hálito. Estava pronto.

De repente a porta do prédio se abriu, como se fosse a moldura de um lindo quadro. Ela surgiu, graciosa e leve, e foi caminhando na direção do jardim. Era fácil ver o nervosismo de Joe. O disparo do seu coração podia ser ouvido longe. Mais de perto, alguém veria que suas mãos suavam e tremiam. Após um interminável caminhar, ela chegou até onde estava o moço. E disse: "Olá, Joe". Ele balançou o corpo para um lado e para o outro, escancarando um sorriso gigantesco. Estufou o peito, ergueu a cabeça e disse: "Você quer sair comigo hoje à noite?" — numa voz perfeita.

Ela mesma estranhou:

— Joe, é você? Pode repetir o que disse?

Ele deu outro sorriso gigante, estufou o peito e disse, com mais calma e mais confiança:

— Você quer sair comigo hoje à noite?

Aí, torcida do contra, assista e aprenda.

Ela perguntou, ainda um tanto confusa:

— Joe, você está me convidando para sair?

O que ela não sabia, e os pastorzinhos não sabiam, era que Joe tinha um sonho. E não era preguiçoso. Se você tiver um sonho, e não for preguiçoso, você pode chegar lá.

Joe não deixou que os colegas roubassem seu sonho. Eles riram dele pelas costas, trataram-no com desdém, ridicularizaram-no. Ele, porém, não parou para ouvi-los. Certamente, pensou: "Se vocês, que são meus amigos e deveriam me encorajar, não o fazem, não tem problema — eu mesmo me encorajo. Não vou ficar parado, ouvindo coisas negativas a meu respeito". E Joe não deixou a vida roubar o sonho dele.

Você já viu pessoas que ficaram se lamentando, com pena de si mesmas, porque a vida não estava sendo justa com elas. A vida não estava sendo justa com Joe, mas ele não ia ficar reclamando da deficiência que o impedia de falar corretamente. Não ia deixar as deficiências roubarem seus sonhos.

A terceira coisa, além dos amigos e das circunstâncias, que não ia impedir Joe de atingir seu sonho, era o tempo. Ele disse: "Vou pagar o preço e levar o tempo que for necessário. Posso levar mais tempo do que outra pessoa levaria para atingir os sonhos, mas vou pagar o preço agora, para que possa me divertir depois". E treinou, em frente ao espelho, sozinho no quarto, hora após hora, dia após dia, semana após semana. Observou como a musculatura do rosto reagia quando tentava pronunciar a frase mágica "Oce uer air omigo oje a oite? Oce uer air omigo oje a oite? Oce uer air omigo...". Treinou muito, buscou recursos de respiração e de relaxamento muscular. Hora após hora. Todos os dias. Enquanto os amigos se divertiam, comendo pizza e tomando *milk-shake*, jogando futebol ou bilhar, ele treinava. Estabeleceu rotina, disciplinou seu treinamento. Tudo para que, afinal, pudesse fazer corretamente o convite para a moça.

E ela perguntou:

— Você andou treinando só para me convidar para sair?

E Joe deu um grande sorriso de orgulho, novamente, e respondeu:

— Oce ercebeu? Emana, emana e emana. Eo einei, enei e enei.

E por semanas ele treinou, realmente, mas a única coisa que soube falar corretamente foi: "Você quer sair comigo hoje à noite?".

Não importava. A boa noticia é que ela disse: "Joe, sim, eu quero sair com você. Nunca vi ninguém que tenha se dedicado tanto e trabalhado tão duro só para me pedir para sair. Sim, nós podemos sair".

Hoje, Joe é casado com a mulher mais bonita da universidade e é um pastor.

Não deixe ninguém, nem nada, roubar o seu sonho.

The best is yet to come (O melhor ainda está por vir).

God bless you (Deus te abençoe).

Este livro foi impresso pela gráfica Cromosete
em papel *norbrite plus* 66,6 g.